BRIGITTE KLEINOD

Gärten für Senioren

praktisch und pflegeleicht

57 Farbfotos
18 Zeichnungen

Ulmer

Vorwort

Über Gärten ist schon viel geschrieben worden und es gibt kaum eine Frage zum Thema Garten, die nicht schon beantwortet worden wäre. Dabei können gerade ältere Menschen oft auf einen reichen Schatz an Gartenwissen und viel praktische Erfahrung zurückgreifen. Ist ein Buch über Seniorengärten deshalb nicht überflüssig? Ich denke nein, denn gerade das Altwerden ist in sicherer Gesellschaft ein Tabuthema, das ungern angesprochen wird. Wer gesteht sich und seinen Mitmenschen schon gerne ein, dass er nicht mehr so kann wie in jungen Jahren? Wer gibt schon zu, dass die Gartenarbeit zur Last wird, dass der Rücken schon nach kurzer Zeit weh tut? Man ruht sich lieber im Garten aus und arbeitet nicht mehr so viel darin. Außerdem macht man sich Sorgen, den Garten bald nicht mehr ohne fremde Hilfe pflegen zu können. Auf der anderen Seite möchte man ihn auch nicht missen, genauso wenig wie man aus seinem Haus ausziehen möchte, nur weil die Treppe zu steil geworden ist. Für Häuser und Wohnungen gibt es inzwischen eine Menge Literatur zu seniorengerechter Planung und barrierefreiem Wohnen. Für Gärten werden kaum Informationen angeboten. Ich hoffe, dass ich mit diesem Buch einen Grundstein zu diesem wichtigen Thema legen kann.

Wie bei allen Projekten und Büchern wurde ich dabei von Gärtnermeister Friedhelm Strickler beraten, der mir mit seiner langjährigen Erfahrung im naturnahen Pflanzen- und Gartenbau fachlich und freundschaftlich zur Seite steht. Der Physiotherapeutin Sabine Wolperding verdanke ich viele Ratschläge, wie Gartenarbeit ohne Rückenschmerzen möglich ist.
Dieses Buch wäre aber ohne die Hilfe der Seniorinnen und Senioren, die mir ihre Gartenerfahrungen mitgeteilt haben und mir zusammen mit ihren Gärten „Modell gestanden" haben, nicht möglich gewesen. Sie waren als begeisterte Garten- und Naturliebhaber die überzeugendsten Vorbilder und lebenden Beweise, dass der eigene Garten ein Jungbrunnen sein kann.
Mein besonderer Dank gilt meinem Mann und allen lieben „alten" Freundinnen und Freunden, die zu diesem Buch beigetragen haben.

Brigitte Kleinod
Waldems-Reichenbach

Für meine beiden „Lieblingssenioren"
Editha Roth und Jürgen Bartholomay

Inhaltsverzeichnis

Gärten und Menschen –

im Wandel der Zeit

Gärten bereiten Freude und Erfüllung, solange man der Gartenarbeit gewachsen ist. In welcher Form und mit wie viel Engagement man als älterer Mensch sein Gartenhobby weiterbetreiben kann, hängt aber nicht nur von körperlichen Möglichkeiten, sondern auch ganz entscheidend von Planung, Gestaltung und Bepflanzung der eigenen Gartenanlage ab. Durch Neu- oder Umgestaltungen können Sie Ihren Garten den geänderten Ansprüchen anpassen.

Ein Menschenleben im Garten

Jeder Mensch hat eine andere Geschichte und unterschiedliche Erfahrungen, eigene Vorlieben, Bräuche und Bedürfnisse. Damit Sie in Ihrem Garten Ihr ganz persönliches Refugium finden, ist es um so wichtiger, den Garten ganz auf Sie abzustimmen. Da sich aber die persönlichen Vorlieben und Bedürfnisse im Verlauf eines Menschenleben ändern, ist ein Garten immer wieder Gestaltungsänderungen unterworfen.

Mit zunehmendem Alter wird die Gartenpflege oft zur Last, weil die Bewohner versuchen, sich dem Garten anzupassen und mit dem Wachstum und Zerfall von Pflanzen und Gebäuden Schritt zu halten. Besser ist es aber, den Garten an die Bedürfnisse der Gartennutzer anzupassen, damit die Lust am Gärtnern erhalten bleibt. Dies muss jedoch nicht heißen, dass sich der Garten alle paar Jahre in eine Baustelle verwandelt – eine Vorstellung, die nicht nur ältere Menschen fürchten! Oftmals genügen kleine Änderungen und Umgestaltungen von Teilbereichen, um einen Garten an die Wünsche seiner Bewohner anzupassen. Je ehrlicher Sie dabei mit sich und den anderen Gartennutzern umgehen und je realistischer Sie in die Zukunft blicken, desto eher wird Ihnen ein Garten gelingen, der bis ins hohe Alter Freude macht.

CHECK-LISTE

Überlegungen zum seniorengerechten Garten

- → Wie leistungsfähig werde ich in Zukunft sein?
- → Welche körperlichen Einschränkungen bestehen bereits oder werden voraussichtlich auf mich zu kommen?
- → Welchen Stellenwert besitzt der Garten für mich?
- → Wieviel Zeit und Geld möchte ich in die Pflege des Gartens investieren?
- → Welche Helfer können mich im Bedarfsfall unterstützen?
- → Welche Gepflogenheiten bin ich bereit aufzugeben? Bin ich gewillt, mich auf Neues einzustellen?

Der Garten kommt in die Jahre

Nicht nur Menschen, auch Gärten ändern sich im Verlauf der Jahre. Sie wachsen, reifen und altern. Bei einem gut geplanten und richtig gepflegten Garten wird dieser Prozess von vornherein einkalkuliert und führt nicht zu bösen Überraschungen. Die meisten Hausgärten wurden aber kurzsichtig gestaltet und bepflanzt, ohne das Wachstum der Pflanzen zu berücksichtigen – so werden nach einigen Jahren „aus der Not geborene“ Umgestaltungen unausweichlich. Meist ist der Garten dann schon eingezäunt, Nachbargebäude sind entstanden und der Einsatz von größeren Maschinen ist nicht mehr möglich. Pflanzen – besonders Gehölze – ver-

Hochbeete kann man bequem im Sitzen beernten und pflegen.

Nadelbäume sind oft ein Auslöser für späteren Sanierungsbedarf im Garten:

→Während sie im Jugendstadium einen immergrünen Wind- und idealen Sichtschutz darstellen, verschatten sie im Alter bei zu geringem Abstand zum Haus die Fenster und verdunkeln die dahinter liegenden Räume.

→Immergrüne Koniferen benötigen auch im Winter Wassergaben gegen Frosttrocknis. Vernachlässigt man das, kommt es immer wieder zu Totalausfällen und zu einem unansehnlichen Gartenbild.

ändern nicht nur sich selbst, sondern zum Beispiel durch Schattenwurf, Windschutz und Erhöhung der Luftfeuchte auch das Mikroklima ihrer Umgebung. Was sich anfangs als Vorteil für einen Gartenteil erwiesen hat, kann sich nach einigen Jahren als Nachteil herausstellen. Was beispielsweise als Sonnenschutz gedacht war, hat sich nun zu einem großen und finster wirkenden, alles verschattenden Baum entwickelt, der – wenn es die Baumschutzsatzung erlaubt – nur noch unter großen Mühen und mit hohem Kostenaufwand gefällt werden kann.

Sanierungsbedarf im Garten

Die in den 1960er- und 70er-Jahren gerne und häufig gepflanzten

→Ihre kontinuierlich rieselnden Nadeln verrotten kaum und versauern den Boden, der zudem immer stickstoffärmer wird. Darunter oder benachbart stehende Pflanzen verkümmern mit der Zeit.

→Große Nadelbäume, die im Windschatten eines Gebäudes heranwachsen, stellen

TIPP

Achtung, Baumfällarbeiten!

Beachten Sie die örtliche Baumschutzsatzung: Falls das Gehölz bereits einen Stammumfang von 60 cm in 1 m Höhe über dem Wurzelhals überschritten hat, ist das Fällen oft nicht mehr zulässig. Obstgehölze sind von dieser Regelung ausgenommen. Erkundigen Sie sich am besten im Vorfeld über die Rechtmäßigkeit Ihres Vorhabens, da Verstöße gegen die Satzung mit hohen Geldbußen geahndet werden.

immer ein Sicherheitsrisiko dar, wenn sie über das Gebäude hinauswachsen. Ihre im Windschatten nur mäßig verankerten Wurzeln halten stärkeren Böen und Stürmen nicht stand. Äste können abbrechen und Menschen und Gebäude gefährden.

Bei einer Gartensanierung sollten man, falls es noch nicht zu spät für Fällmaßnahmen ist, einen Teil der Nadelbäume entfernen oder auch durch kleinwüchsigere Laubgehölze ersetzen.

Neben den Nadelbäumen kommen auch **Hecken** in die Jahre. Nach vielen Jahren falscher Pflege, unterlassenem oder unsachgemäßem Schnitt erfüllen sie oft ihren Zweck als Sicht- und Windschutz nicht mehr, da sie von unten her verkahlen und sich an der Krone nicht genügend dicht verzweigen. Abhilfe schafft bei vielen schnittverträglichen Heckenpflanzen ein scharfes Zurückschneiden beziehungsweise ein Auf-den-Stock-setzen. **Obstgehölze** bedürfen eines regelmäßigen fachgerechten Schnittes für einen gleichmäßigen Kronenaufbau, gut entwickelte und gereifte Früchte, für eine einfache Ernte und eine lange Lebensdauer des Baumes. Fehlt dieser Schnitt oder wird er nicht fachgerecht durchgeführt, „vergreisen" die Bäume schnell. Oft bleibt dann nur, mit Jungtrieben und viel Geduld wieder eine gute Krone aufzubauen. **Stauden** sind sehr pflegeleicht, da sie sich auf den Beeten mit der Zeit ausbreiten und die Fläche schließen; der Pflegeaufwand durch Hacken und Unkraut jäten wird dadurch sehr gering gehalten. Da die Pflanzen ausdauernd sind, müssen Sie Ihre Rabatte nicht jedes Jahr aufs Neue mit Pflanzen bestücken. Um zu üppig gewordene Staudenpflanzungen wieder in den Griff zu bekommen, sollten Sie die Pflanzen je nach Wüchsigkeit teilen und verpflanzen oder an Nachbarn verschenken.

Es gibt aber noch viele andere Gründe, weshalb ein Garten saniert werden muss: Da ist zum Beispiel an stark begangenen Stellen der Boden verdichtet, das Gras will nicht mehr

Auch im Schatten unter alten Bäumen gedeihen schöne pflegeleichte Stauden.

so richtig wachsen, Platten haben sich gehoben oder abgesenkt, Treppenstufen sind schief und bergen Stolperfallen, riesige Reisighaufen haben sich angesammelt und Nutz- oder Hochbeete haben sich gesetzt. So wie auch Sie sich spätestens im Ruhestand eine „Rundum-Erneuerung", etwa in Form einer Kur gönnen sollten, ist es jetzt Zeit, auch dem Garten eine Sanierung zukommen zu lassen. Bevor Sie nun alles wieder nachbessern und reparieren, sollten Sie darüber nachdenken, ob der Garten überhaupt noch Ihren Vorstellungen entspricht beziehungsweise wie Sie sich Ihren Garten für den Lebensabend wünschen.

Dabei empfiehlt es sich, einen möglichst pflegeleichten Garten zu schaffen. Plätze zum Ausruhen und Entspannen bieten der älteren Generation weiterhin die Möglichkeit, den Garten zu nutzen. Dies gilt auch für Familien, die ihre Eltern wieder mit ins Haus nehmen. Da den berufstätigen und/oder mit der Betreuung der Eltern betrauten Familienmitgliedern häufig die Zeit für ausgiebige Gartenpflege fehlt, sollte der Garten vielfältige Aufenthaltsmöglichkeiten bei wenig Pflegeaufwand bieten.

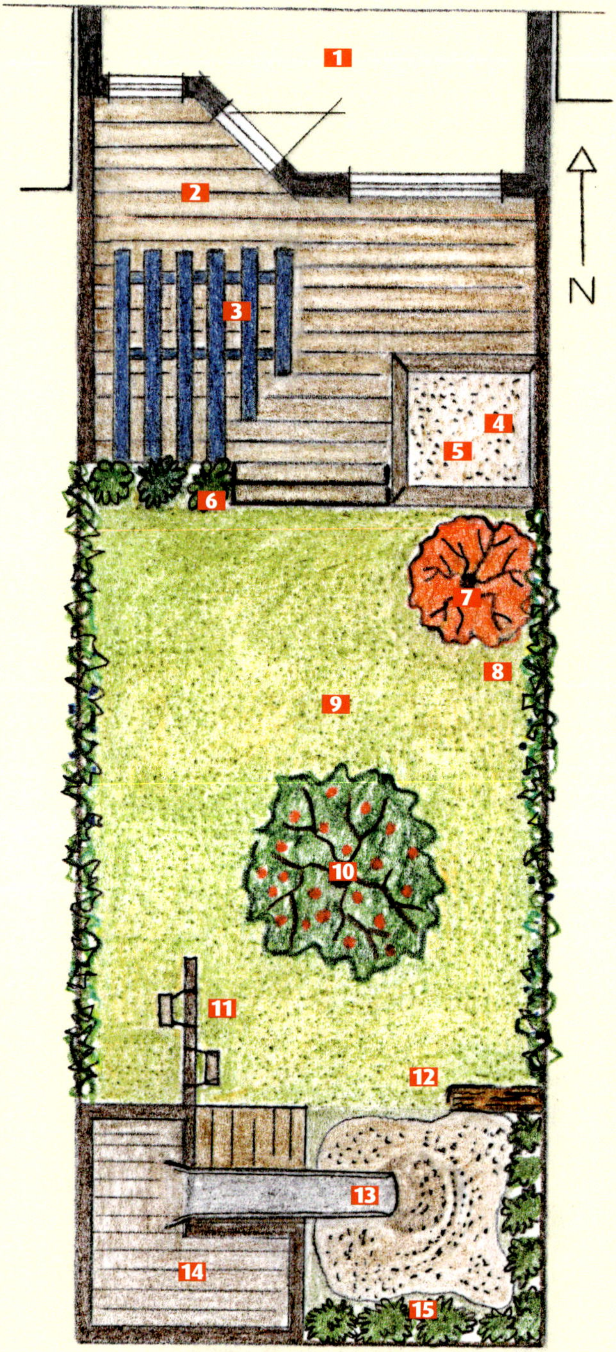

Garten einer jungen Familie mit Kindern
In der ersten Jahren ist der Garten ganz auf die Bedürfnisse der noch kleinen Kinder zugeschnitten. Eine eingefasste Sandgrube wurde für die Kleinste direkt neben der Holzterrasse gebaut, wo sie ungestört, aber beaufsichtigt spielen kann. Die Kinder haben eine Schaukel neben dem Gartenhaus, von dessen Flachdach eine Rutsche direkt in eine Sandgrube führt. Zwei noch kleine Bäume bilden eine Diagonale, lassen aber genug Platz zum Spielen auf dem Rasen. Die Zäune sind mit robusten Kletterpflanzen begrünt, auf Zierbeete wurde zugunsten der Kinder verzichtet.

1 Haus
2 Terrasse mit Holzdielen
3 Pergola (unbepflanzt)
4 Beidseitiger Sichtschutz (unbepflanzt)
5 Sandkiste
6 Kräuterbeet
7 Rotlaubiger Japanischer Ahorn
8 Jägerzaun (begrünt)
9 Strapazierrasen
10 Süß-Kirsche (Niederstamm)
11 Schaukel
12 Baumstamm zum Sitzen
13 Rutsche in Sandgrube
14 Garten- und Kinderhaus mit bespielbarem Flachdach
15 Sträucher als Sichtschutz/ zum Schattieren

Umgestalteter Garten für die ältere Generation

Nachdem die Kinder aus dem Haus sind, hat die inzwischen ältere Generation Zeit für einen kleinen Nutzgarten, der in Form von pflegeleichten Hochbeeten auf dem ehemaligen Spielplatz entstanden ist. Der zweite Sitzplatz ist in den Schatten des Kirsch-Baumes gerückt. Die Gartenhütte wurde überdacht, wodurch ein kleiner Vorplatz entstand. Das Dachwasser wird in einer Regentonne als Gießwasser gesammelt. Entlang des Zaunes wurden einige Beerensträucher gesetzt. Der Boden unter den Sträuchern und im Nutzteil wird mit Holzhäcksel gemulcht. Statt der Rasenfläche wächst eine pflegeleichte Blumenwiese, in die nach Bedarf Pfade gemäht werden.

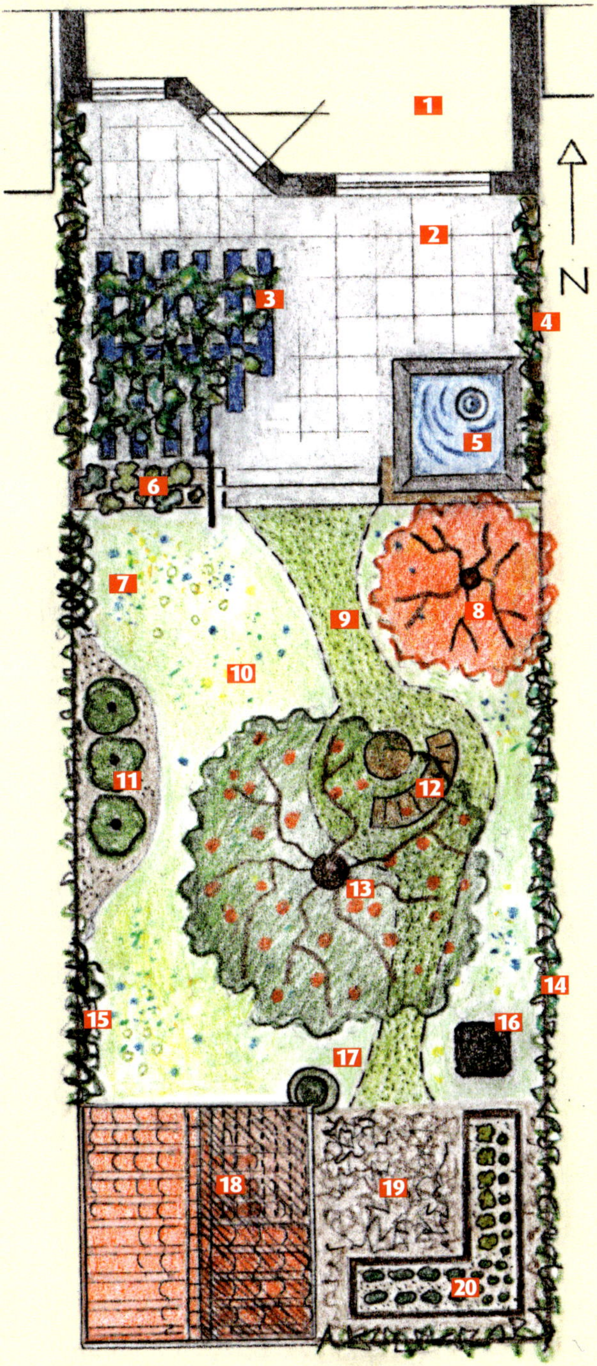

1 Haus
2 Terrasse mit Platten
3 Pergola (begrünt)
4 Sichtschutz (begrünt)
5 Sprudelstein/Wasserspiel
6 Kräutertreppenbeet mit Handlauf
7 Brombeerspalier
8 Rotlaubiger Japanischer Ahorn
9 gemähter Rasenpfad
10 extensiver Blumenrasen
11 3 Beerenobst (Hochstämmchen)
12 Sitzplatz
13 Süß-Kirsche (Niederstamm)
14 Jägerzaum (begrünt)
15 Himbeerspalier
16 Thermo-Komposter
17 Regentonne
18 Gerätehaus mit Satteldach und überdachtem Vorplatz
19 Rindenmulchfläche
20 Hochbeet für Nutzpflanzen

Seniorenfreundliche Gärten –

planen und entwerfen

Richten Sie sich Ihren Garten praktisch ein, denn Sicherheit und Bequemlichkeit stehen bei seniorenfreundlichen Gärten immer im Vordergrund. Dass Ästhetik dazu nicht im Widerspruch steht, zeigen die folgenden Beispiele.

Wünsche formulieren

Der Blick für eigene Wünsche ist oft von vorhandenen oder vermeintlichen Sachzwängen verstellt. Man hat im Verlauf seines Arbeitslebens gelernt, Träume zu vernachlässigen und Regeln einzuhalten. Nun haben Sie die Zeit, den einen oder anderen lang gehegten Wunsch in die Tat umzusetzen und sich Ihren Traum vom Gartenparadies zu erfüllen.

CHECK-LISTE

Auf dem Weg zum Traumgarten

- Was sind Ihre Lieblingsbeschäftigungen im Garten?
- Wo halten Sie sich gerne auf? Welches ist Ihr Lieblingsplatz?
- Zu welcher Tageszeit/Jahreszeit sind Sie am liebsten im Garten?
- Wann und wie oft suchen Sie sonnige Plätze, wann schattige Orte auf?
- Auf welche Weise entspannen Sie sich am besten?
- Sind Sie ein geselliger Mensch oder sich selbst genug?
- Wieviele Personen werden den Garten nutzen?
- Sollen für Haustiere bestimmte Gartenbereiche umgestaltet oder reserviert werden?
- Welchen Wunsch wollten Sie schon immer einmal im Garten verwirklichen?

Dazu sollten Sie sich in aller Ruhe auf den Garten Ihrer Träume besinnen. Dies kann der Garten Ihrer Großmutter aus längst vergangenen Tagen sein, der Garten auf dem Bild eines Malers oder auf einer Fotografie. Versuchen Sie, sich nicht nur an optische Eindrücke wie Formen, Farben und Licht zu erinnern, sondern auch an Geräusche und Gerüche. Stellen Sie sich Ihren Traumgarten dabei zu verschiedenen Jahreszeiten vor. Ein anschließend geschriebener „Wunschzettel" hält alle diese Empfindungen fest, sowohl von Ihnen als auch von den Mitbewohnern. Versuchen Sie nun, die Eindrücke zu ordnen, indem Sie diese mit Farbstiften markieren und sie gliedern, vielleicht in Kategorien wie Pflanzen, Bauwerke und Gartenteile oder auch nach Prioritäten.

Den Garten neu planen

Bei einer Neuplanung des Gartens ist es am einfachsten, frei von Sachzwängen Wünsche zu verwirklichen und eine den eigenen Bedürfnissen entsprechende Gestaltung zu skizzieren. Da nicht immer alle Elemente unterzubringen sind, sollte man sich auch Gedanken über Mehrfachnutzungen machen. Beispielsweise kann eine große sonnige Terrasse zum Spielen von Gartenschach mit Freunden, zum Grillen mit der Familie, zum Basteln mit den Enkelkindern und zum Wäsche trocknen genutzt werden. Ein Gewächshaus kann im Frühjahr zur Anzucht von Zier- und Nutzpflanzen und im Winter als Aufbewahrungsort für Gartengeräte dienen. Eine Teichanlage kann so gestaltet

Naturnah gestaltete Teiche sind pflegeleicht und laden zum Entspannen ein.

werden, dass sie sich als Lebensraum für Tiere und Pflanzen, gleichzeitig auch als Ort der Entspannung eignet. Eine Liste mit den gewünschten Gartenelementen und deren Mehrfachnutzung dient als Grundlage für Ihren Plan. Fragen Sie auch Freunde um Rat. Außenstehende Personen haben oft ganz andere Einfälle, die Ihren Ideenvorrat bereichern können.

Gestaltungsüberlegungen

Spätestens beim Zeichnen der Entwürfe für den Gartenplan müssen Sie sich Gedanken über die Größe der gewünschten Plätze und Wege, Gehölze, Beete, Teiche und anderes machen. In diesem Stadium unter-

Hier kann man Wäsche ohne Bücken aufhängen.

scheidet sich die Planung eines seniorengerechten Gartens von der eines üblichen Hausgartens. Sie müssen beispielsweise berücksichtigen, dass Ihnen eines Tages das Laufen schwer fallen könnte: Wenn eine Begleitperson auf allen Gartenwegen nebenher gehen soll, erfordert das grundsätzlich breitere Wege. Sie sollten zu Ihrer eigenen Sicherheit Geländer, Handläufe, Beleuchtungen und griffige Beläge einplanen. Sie müssen sich über die alten- und behindertengerechte Überwindung von Höhendifferenzen Gedanken machen – denn wer will schon seinen Garten nur noch vom Fenster aus betrachten, nur weil er nicht mehr gut zu Fuß ist? Sollten Sie im Garten auch weiterhin aktiv sein wollen, gelten Ihre Überlegungen Ihren Vorlieben und deren Umsetzung

Solange das Geländer fehlt, hilft die Enkelin.

Einen Plan selbst zeichnen

- Als Grundlage für den eigenen Plan können verschiedene Pläne des Baugesuchs dienen. Die Hausansichten mit Geländeschnitten sind besonders für abschüssige Grundstücke wichtig.
- Versorgungspläne zeigen den unterirdischen Verlauf von Versorgungsleitungen und die Lage der Zisterne.
- Zeichnen Sie alle Pläne im Maßstab 1:100. Kopieren Sie alles mehrfach. Im Plan enthaltene Gebäude oder Pflanzen, die nicht mehr vorhanden sind, sollten Sie vor dem Kopieren übermalen oder abdecken.
- Bestehende Bauten oder Pflanzen, die Sie auf alle Fälle entfernen wollen, können Sie im Plan entsprechend markieren, damit Sie die Übersicht über alle durchzuführenden Schritte behalten und einen Zeitablaufplan erstellen können.
- Stehen Sie zu Ihrem eigenen Stil und malen Sie die Dinge so, wie Sie das für richtig halten. Nur Maße und Relationen müssen stimmen; so sollten Sie für Bäume den in zehn Jahren zu erwartenden Kronendurchmesser einzeichnen.
- Zeichnen Sie immer nur die Draufsicht.

im Garten. Dies können Hobbys, wie das Sammeln von speziellen Pflanzen sein, die Sie zum einfachen Pflegen in ein Hoch- oder Tischbeet pflanzen können (siehe Seite 67ff). Es kann aber auch Sport im eigenen Garten sein, für den Sie sich eine ganz individuelle „Wellness-Anlage" planen können, hier können Sie sich mit Gymnastik und Kneipp'schem Wassertreten fit halten (siehe Seite 83f).
Wenn Sie den Garten so lange wie möglich selbst pflegen wollen, sollten Sie alle technischen Möglichkeiten der Arbeitserleichterung nutzen (siehe auch Seite 86ff). Gerade hier ist eine gute Vorausplanung durch nichts zu ersetzen, ist es doch nur mit großem Aufwand möglich, beispielsweise Wasser- und Stromleitungen nachträglich zu installieren.
Wenn Sie den Garten eher als einen Ort der Entspannung sehen, können Sie mit einer guten Planung eine angenehme Atmosphäre schaffen. Sicht- und Lärmschutz, entspannendes Wasserplätschern, angenehme Gerüche und Ruhepunkte für das Auge sorgen dafür, dass Sie sich in Ihrem Garten rundum wohl fühlen. Anregungen zur Gartenplanung können Sie sich bei Spaziergängen in der Nachbarschaft holen. Dabei sollten Sie sich fragen, warum Ihnen die ein oder andere Gestaltung zusagt oder missfällt – so können Sie Ihren Blick für Harmonie, Formen, Farben und Dimensionen schärfen. Es gibt aber auch Menschen, die Garteninteressierten die Pforten ihrer Privatgärten öffnen. Die Termine erfahren Sie aus Gartenzeitschriften und -büchern oder über das Internet (zum Beispiel www.offene-pforte.de).

Angenehmes Sitzen im lichten Schatten bietet eine Hollywood-Schaukel, die von Frühjahr bis Herbst draußen stehen kann.

Bewährtes erhalten, Gartenteile erneuern

Wer nicht ein neues Haus baut oder seinen bestehenden Garten komplett neu gestalten möchte, wird das Bestehende behutsam umgestalten wollen. Das ist manchmal schwieriger als eine Neugestaltung, denn wenn man einmal viele Jahre in einem Garten verbracht hat, kann man sich diesen vertrauten Garten nur schwerlich

Wenn drei Generationen den entsprechend gestalteten Garten nutzen, profitieren alle davon.

anders vorstellen. Hier sollten Sie, zusätzlich zu Ihrer Wunschliste, eine ehrliche Bestandsaufnahme machen. Manchmal fällt aber auch eine Umgestaltung dadurch an, dass das Haus erweitert, dass ein Grundstück geteilt oder ein weiteres Haus im Garten gebaut wird. Viele ältere Gärten sind so groß, dass die eigenen Kinder darin ein weiteres Haus bauen können. Man kann sich hier gegenseitig helfen und die Enkelkinder wachsen sehen. Trotzdem sollten Sie auch auf genügend Privatsphäre achten, denn die Bedürfnisse von drei verschiedenen Generationen können sehr unterschiedlich sein. Noch vor der Grundstücksteilung und Hausplanung sollte deshalb die Gartennutzung aller Bewohner gründlich bedacht werden.

Einmessen und Bestandsplan zeichnen

Für die Umplanung vorhandener Gärten sind nicht immer Pläne vorhanden. Fragen Sie aber bei der Baubehörde, ob dort Pläne liegen, die Sie kopieren können. Der nächste Schritt ist das Ergänzen aller vorhandenen Gartenteile, die erhalten bleiben sollen. Die Dinge, die Sie entfernen möchten, müssen Sie nicht in den Plan zeichnen. Eine Liste mit den Maßen und errechneten Massen abbruchreifer Bauteile kann – ebenso wie ein zeitlicher Ablaufplan – für die Berechnung anfallender Arbeiten und Kosten nicht schaden.

Man kann aber auch ein vorhandenes Grundstück selbst ausmessen und die Gebäude und erhaltenswerten Gartenbestandteile wie Wege und Plätze, große Gehölze und anderes maßstabsgerecht einzeichnen. Wichtig für einen Bestandsplan sind auch die Nachbargebäude, große Bäume und hohe Hecken, sofern sie Einfluss auf Ihr Grundstück haben. Auch schöne

Ausblicke und natürlich die Himmelsrichtung sollten Sie mit berücksichtigen. Je genauer und anschaulicher solch ein Plan ist, desto eher eignet er sich für die weitere Detailplanung in der warmen Stube im Winter, wenn man nicht hinaus gehen mag.

Überlegungen für die Gartenpraxis

Eine gute Gartengestaltung, die auch alle anstehenden Pflegearbeiten berücksichtigt, ist durch kein Gerät zu ersetzen. Meist ist eine schlechte Planung und falsche Bepflanzung die Ursache für schwere Gartenarbeit. Fehlende Versorgungsleitungen, schlechte Gartenerde und schwer zu pflegende Beete sind alles Dinge, die sich ändern lassen.

→ Bauliches „Knowhow“

- Umständliche Wege von der Küche zum Kompost oder vom Geräteschuppen zum Nutzgarten gehören der Vergangenheit an, wenn man alle Garteneteile sinnvoll und im Zusammenhang plant: Verschaffen Sie sich zunächst Klarheit über die **Funktions- und Nutzungbereiche** Ihres Gartens und des Hauses, anstelle sich schon zu Beginn in unzusammenhängenden Detailplanungen zu verlieren.
- Im Alter werden **Erholungs- und Ruheflächen** immer wichtiger, vor allem nach der Gartenarbeit. Ein Plätzchen zum Ausruhen sollte an keiner Gartenecke fehlen. Viele Tätigkeiten können Sie auch im Sitzen erledigen; wo keine Gartenbank hinpasst, ist häufig noch genügend Platz für einen Klappstuhl. Aber auch Tätigkeiten, die im Stehen durchgeführt werden müssen, kann man immer mal wieder unterbrechen, den Klappstuhl auseinander falten und ein Päuschen einlegen.
- Verzichtet man auf Treppenwangen und verzahnt die Stufen mit dem Gelände, muss man nicht umständlich Ecken und Winkel auskehren. Auch bei der Anlage von Plätzen und Wegen sollten Sie **„Schmutzfänger“ vermeiden**, beispielsweise unzugängliche Winkel oder schlecht sauber zu haltende Beläge.
- Rasenkantenschneider werden überflüssig, wenn man anstelle hochstehender Kantensteine **ebenerdige Abgrenzungen** zwischen Rasen und Beeten in den Boden einlässt. So wird auch das Mähen, Kehren und Schneeschaufeln erleichtert (siehe S. 20).

CHECK-LISTE

Bestandsaufnahme für Gartenumgestaltungen

→ Welcher Gartenteil gefällt mir, welcher ist mir in der Vergangenheit zur Last geworden?

→ Wo wollte ich schon immer gerne etwas ändern?

→ Ist mir ein Weg zu beschwerlich, sind Verbindungen zwischen Gartenbereichen zu lang?

→ Wo ist die Pflege umständlich, kräfte- oder zeitraubend?

→ Welcher Gartenteil muss sowieso saniert werden?

→ Wo sehe ich Probleme für die Zukunft?

→ Welche Gartenteile sind nur schlecht erreichbar?

→ Wo fehlen Strom- und Wasseranschlüsse?

→ Pflanzliches „Knowhow"

- Eine wohl durchdachte Pflanzenwahl und „Gärtnern mit Köpfchen" bei der Anlage und Pflege erspart eine Menge unnötige Arbeit. Ein üppiger, pflanzenreicher Garten ist sehr schön anzusehen, Sie müssen aber auch mehr Zeit für Gießarbeiten einkalkulieren. Berücksichtigen Sie schon bei der Planung Ihres Gartens die spätere Pflege: Oftmals ändern sich mit Eintritt in den Ruhestand die Urlaubszeiten, so dass Sie zu manchen Jahreszeiten Ihren Garten kaum zu sehen bekommen und auch nicht pflegen können. Eine Alternative zu anspruchsvollen Zierpflanzenrabatten ist die Anlage eher extensiver Pflanzenarrangements, die aus genügsamen, robusten Pflanzen bestehen. Bei der Verwendung **standortgerechter, naturnaher Gewächse** brauchen Sie im Vorfeld keine Bodenvorbereitung wie Substrat tauschen, verbessern oder düngen betreiben; bei der späteren Pflege müssen Sie außerdem weniger gießen und düngen (siehe auch Seite 45ff).
- Zum alljährlichen Schneiden von Obst- oder Ziergehölzen und dem akkuraten Trimmen der Schnitthecken gibt es Alternativen: Wählen Sie lieber **klein- oder langsamwüchsige Gehölze**; bei Obststräuchern und -bäumen sollten Sie klein bleibende Wuchsformen wie Ballerina- oder Spindelbäume verwenden (siehe auch Tabelle Seite 75). Planen Sie schnittverträgliche, sommer- oder immergrüne Heckenpflanzen für die Grundstücksgrenzen ein.
- Einige Gartencenter und Pflanzenbaubetriebe bieten bei vielen Obst- und Gemüsesorten sowie bei einigen Zierpflanzen inzwischen **krankheitsresistente Sorten** an. Greifen Sie auf

Rasenkantensteine legen macht Mähen möglich

Gestochene Kante, Hindernis für Mäher

diese clevere Alternative zurück, um aufwändige und zermürbende Bekämpfungsmaßnahmen gegen Schädlinge und Krankheiten zu vermeiden.

- Anstelle säuberlich geharkter Blumenrabatten können Sie Bodendecker, Gräser und Stauden pflanzen, um schon nach kurzer Zeit **eine geschlossene grüne Decke** zu bekommen – auch das ungeliebte Unkraut jäten nimmt so deutlich weniger Zeit in Anspruch. Hilfreich ist bei zwischenzeitlich unbepflanzten Beeten auch das Einsäen von **Gründüngungspflanzen**, die einerseits die Fläche bedecken und das Ansiedeln von Samenunkräutern verhindern, andererseits gleich den Boden aufbereiten und mit Nährstoffen anreichern. Eine andere Methode ist das Abdecken kahler Beete oder Bodenbereiche mit **Mulchmaterialien** wie Rasenschnitt oder Rindenhumus. Neben weniger Unkrautaufkommen wird auch die Feuchtigkeit länger im Boden gehalten und Sie brauchen weniger gießen.

→ Gerätetechnisches „Knowhow"

- Eine gute Vorplanung macht sich auch bei **Strom- und Wasseranschlüssen** „am Ort des Geschehens" bezahlt: Das lästige Aufrollen langer Kabel und Schläuche lässt sich dann ebenso vermeiden wie Kräfte zehrendes Kannenschleppen. Machen Sie sich auch rechtzeitig über die Wasserversorgung per Regenwasser Gedanken: Sollten Sie nicht auf teures Leitungswasser zurückgreifen wollen oder ist das Anbringen einer Wasserzapfstelle ungünstig, können Sie auch eine **Zisterne** unter- oder überirdisch vorsehen, aus der sie dann entweder manuell oder auch per Pumpenautomatik das Wasser beziehen können. Eine Kopplung mit Springbrunnen oder Teich erspart das umständliche Nachfüllen per Hand.
- Informieren Sie sich im Vorfeld gezielt über **verschiedene automatische Bewässerungsvarianten**, angefangen vom Wasserspender für Ihre Töpfe und Balkonkästen bis hin zu ausgeklügelten Intervallregnern für Beete und Rasenflächen.

Schwachwüchsiges Kübel- und Spalierobst ist leichter in Form zu schneiden als große Obstbäume.

Auch im Alter möchten viele Menschen auf den eigenen Nutzgarten nicht verzichten. Sinnvoll angelegt mit Beerenobst an Hochstämmchen, Obst an Halb- oder Viertelstämmen, breiten Wegen zwischen den Beeten, Aufbewahrungsmöglichkeiten für Gartengeräte, Wasser- und Strom in der Nähe und einem bequemen Arbeitsplatz, kann er trotz mancher Handicaps Freude machen.

1 Doppelhaushälfte mit Einliegerwohnung
2 Einhausung für Abfalltonnen
3 Bergrünter Zaun
4 Schotterrasen
5 Abgetreppte Lichtschächte
6 Zugang Einliegerwohnung
7 Hochbeet
8 Wasserversorgung
9 Kiesbelag
10 Kräutertreppenbeet
11 Garage
12 Gartenhäuschen
13 Arbeitplatz
14 Beeren-Hochstämmchen
15 Nutzbeet mit Blumeneinfassung
16 Kompostbehälter
17 Obstbäume (Niederstämme)
18 Mulchfläche
19 Himbeer-/Brombeerspalier
20 Holunder
21 Blumenrasen mit versenkter Klinkerrasenkante
22 Hecke aus Blütensträuchern
23 Staudenbeet
24 Begrünter Sichtschutz
25 Terrasse mit Plattenbelag
26 Stromversorgung/Licht

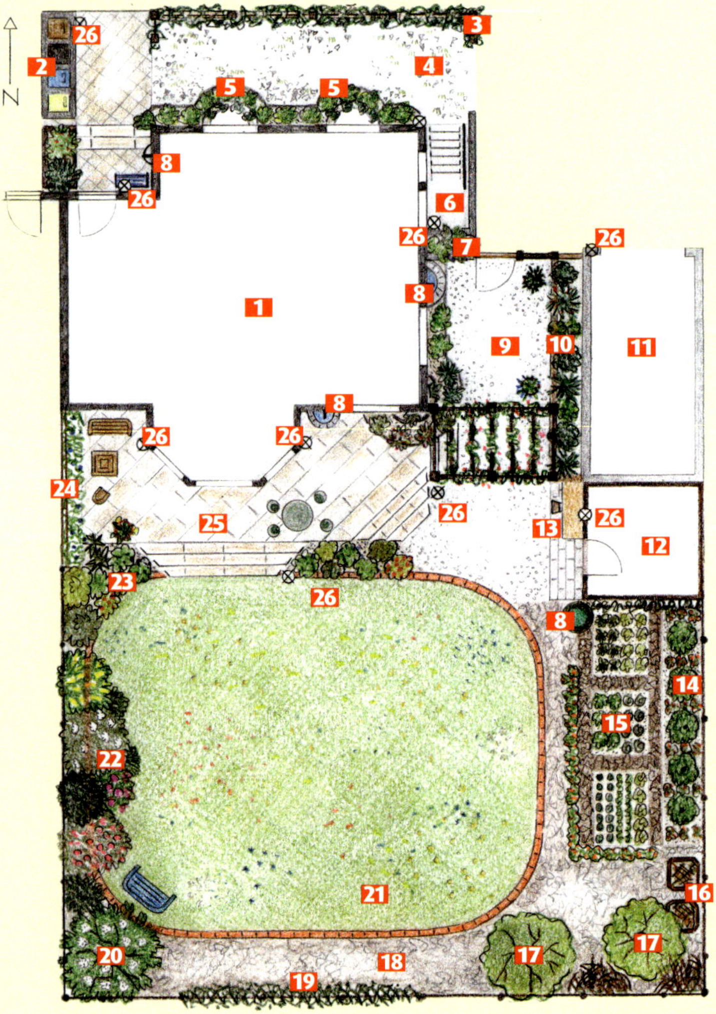

Die Gartenbewässerung ist mit Regenwasserzisterne und Pumpe einfach und umweltfreundlich zu bewältigen.

- Gleichermaßen wichtig für die Gartenstimmung am Abend sowie für den Sicherheitsaspekt: Bei Auswahl und Führung der Stromkabel sollten neben Steckdosen für Rasenmäher & Co. auch verschiedene Anschlussmöglichkeiten für **Beleuchtungssysteme** berücksichtigt werden. So können Sie zum einen schöne Effekte erzielen, andererseits schlecht ausgeleuchtete oder unfallträchtige Gartenbereiche dezent, aber wirkungsvoll sichtbar machen.
- Nachlassende Kräfte lassen sich bei der Gartenarbeit meist mit Erfahrung, Tricks und geeigneten Geräten kompensieren. Auch für alle ungeliebten oder schweren Tätigkeiten gibt es Lösungen. Auf manche Arbeitsschritte wie etwa das herbstliche **Umgraben** mit einem Spaten kann man auch getrost verzichten. Um den Boden zu lüften, kann man ihn auch mit einer Grabegabel auflockern (siehe auch Seite 94).
- Nicht zuletzt ist die Wahl der **richtigen, ergonomischen Werkzeuge** das A und O bei der Sehnen und Gelenke schonenden Gartenarbeit. Leichte, der Körpergröße angepasste Arbeitsgeräte verhindern, dass sich Muskeln verkrampfen, Gelenke ermüden und sich Verschleißerscheinungen einstellen. Bei durch Krankheiten wie Arthritis beeinträchtigte Hände können leichtgängige Schnittwerkzeuge die Arbeit erleichtern. Hilfreiche Geräte wie rollbare Sitzhocker oder langstielige Gartengeräte ermöglichen bequemeres Arbeiten und verhindern anstrengendes Bücken (siehe auch Seite 86ff).

TIPP

Mühelos den Boden lockern

Damit Sie erst gar nicht auf mechanischem Wege den Boden bearbeiten müssen, sollten Sie vor einer Pflanzung dem Boden Struktur verbessernde Zusätze wie Kompost, Humus, Sand oder Kalk beigeben. Ein Trick aus dem Pflanzenreich: Einige Pflanzen (Leguminosen, Kartoffeln) können durch ihr feines, tief reichendes Wurzelwerk den Boden lockern und so optimal für die spätere Pflanzung vorbereiten.

Wege, Treppen Plätze –

ästhetisch und praktisch

Wege und Treppen verbinden verschiedene Gartenteile miteinander. Ihr Verlauf und das Oberflächenmaterial prägen den Charakter eines Gartens. Bei fachgerechter und pflegeleichter Bauweise ermöglichen sie zudem sicheres Erreichen und Pflegen aller Gartenbereiche.

Plätze setzen Akzente; je nach Größe und Form eignen sie sich als lauschige Sitzecke oder für das Beisammensein in geselliger Runde. Da ihr Bau einen gewissen Aufwand erfordert, muss alles gut geplant werden.

„Der Weg ist das Ziel"

Diese Weisheit aus dem Zen-Buddhismus besagt, dass nicht nur das Erreichen eines Zieles wichtig ist, sondern auch die Erlebnisse und die Erfahrungen, die Sie auf dem Weg dorthin sammeln. Dies kann man auch auf einen Gartenweg übertragen: Er hat einerseits die Aufgabe, Sie sicher und bequem zum Ziel zu führen, andererseits sollen seine Beschaffenheit und Wegeführung Abwechslung und bewusstes „Erleben" bieten. Das können Sie durch eine spannungsreiche Wegeführung, ansprechende Belagsmaterialien und eine kreative Saumbepflanzung erreichen. Der Weg kann im Kontrast zu seiner Umgebung stehen oder sich unauffällig in das Gartenbild einfügen. Er kann befestigt oder offenporig sein, gerade oder geschwungen verlaufen. An erster Stelle der Überlegungen zur Wegführung und -gestaltung steht die Frage nach der Funktion.

CHECK-LISTE

Funktionen eines Weges:

- → Ist es ein Haupt- oder Nebenweg?
- → Wie oft gehe ich ihn?
- → Welche Ziele soll er miteinander verbinden?
- → Kann er gegebenenfalls eine weitere Funktion übernehmen?
- → Soll er für Rollstuhl oder Auto befahrbar sein?
- → Kann ich ihn bei jeder Witterung gefahrlos nutzen?

Wegbreiten

Je breiter ein Weg angelegt ist, desto großzügiger wirkt er, was sich auch auf das gesamte Gartenbild vorteilhaft auswirkt. Versuchen Sie also, mit wenigen, aber breiten Wegen alles bequem zu erreichen. Dies erleichtert auch die Gartenpflege beträchtlich, denn da zählt weniger die absolute Fläche, sondern der verbleibende Platz zwischen Wegen und anderen Gartenteilen.

Für **Hauptwege** sollten Sie eine Breite von etwa 1,60 m vorsehen, so dass auch eine Person auf Krücken Platz hat und eine Begleitperson noch bequem nebenher gehen kann. Die genaue Breite stimmt man am besten auf das Maß der vorgesehenen Platten oder Pflastersteine ab, damit möglichst wenig Verschnitt entsteht.

Führt ein Hauptweg direkt an einer Hecke, Mauer oder Fassade vorbei, sollte man ihn gegebenenfalls noch etwas breiter planen, damit man nicht mit der Schulter anstößt.

Nebenwege, die auch mit der Schubkarre befahren werden, sollten 1 m Breite aufweisen. Für weniger häufig begangene Wege sollten Sie immer noch eine Breite von 90 cm einplanen, damit sie auch von Personen genutzt werden können, die an Krücken oder am Stock gehen. Die Verwendung von Trittplatten ist keine gute Lösung, da sie leicht zu Stolperfallen werden. Außerdem kann man hier keine verbindlichen Abstände angeben, da sich das Schrittmaß mit zunehmendem Alter verringert.

Eine Rampe ist für Rollstuhlfahrer unerlässlich, für Sackkarre und Einkaufswagen praktisch.

Rollstuhlgerechte Wege müssen eine Breite von mindestens 1,20 m haben, wobei man scharfe Kurven oder rechtwinklige Abbiegungen vermeiden sollte. Da der Wendekreis eines Rollstuhls etwa 1,50 m beträgt, muss man entweder Buchten zum Wenden vorsehen oder man legt den Weg von vornherein breit genug an. Bei Wegen mit einer Breite von 1,60 m kann eine Person neben dem Rollstuhl hergehen und auch bei der Unterhaltung Sichtkontakt mit dem Rollstuhlfahrer behalten. Ein gärtnernder Rollstuhlfahrer kann bei dieser Breite bequem Geräte oder einen Transportkarren neben sich herführen.

Sichere Wege

Vermeiden Sie Stufen und Stolperschwellen, wo immer es möglich ist. Falls es ohne Stufen nicht geht, sollten diese durch Belagsänderung und Farbabsetzungen gut erkennbar sein. Großzügige Treppen mit flachen Stufen sind besser als schmale steile. Bei langen Treppen sind **Podeste** nach jeder fünften Stufe vorteilhaft: So kann man zwischen dem Treppensteigen ausruhen und durch einen Zwischenschritt verhindern, dass das Auftrittsbein ermüdet.

Auch auf einen **Handlauf** sollten Sie nicht verzichten. Man kann die Betonfundamente dafür beim Wegebeziehungsweise Treppenbau bereits einbauen lassen und auch nachträglich die Pfosten für den Handlauf darauf montieren.

Eine gute **Beleuchtung** der Wege ist wichtig. Am besten eignen sich dafür niedrige, nach oben abgeschirmte Lampen, die nur den Weg beleuchten und nicht blenden. Der Handel hält auch bereits in die Stufen integrierte Leuchten bereit. Die Beleuchtung sollte automatisch per Bewegungsmelder funktionieren oder per Fernbedienung, Zeitschaltuhr oder Computer von Ihnen steuerbar sein.

Ein schöner, gut beleuchteter und pflegeleichter Weg.

Im Baustoffhandel kann man auf Musterflächen die verschiedensten Bodenbeläge anschauen und testen.

Zur Sicherheit gehört auch die **Begehbarkeit des Wegebelags**. Er muss auch bei Nässe und in schattigen Lagen rutschfest sein, darf nicht Algen und Moos ansetzen. Strukturierte Oberflächen sind besser als glatte, helle besser als dunkle. Man muss das Material gut kehren und im Winter von Schnee und Eis befreien können. Auch eine gewisse Salzverträglichkeit sollte gegeben sein, falls Sie einmal um den Einsatz von Tausalz nicht herumkommen.

Bei der Oberflächengestaltung von Wegen haben Sie die Wahl zwischen Betonwerkstein oder Naturstein, viereckigen oder unregelmäßig geformten Platten, Pflastersteinen, verschiedenen Farben und Körnungen von mineralischen Kiesen oder Splitten, Rasen und organischen Materialien. Ein einheitlicher Wegebelag hat eine beruhigende Wirkung. Entscheiden Sie sich bei den Hauptwegen für eine Belagsart, an der sich alle anderen Wege orientieren können. Dabei sollte der Belag bei Farbe und Material den Charakter des Gartens und des Hauses aufgreifen. Abwechslung bringen farblich abgesetzte Natursteinreihen an den Wegrändern, an Abzweigen und Stufen. Je weiter ein Weg vom Hause entfernt ist, desto natürlicher darf das Material werden. Denken Sie aber immer an Begehbarkeit, Sicherheit und Pflegeaufwand.

→ Betonwerkstein

Pflastersteine mit griffiger Oberfläche, die fugenlos verlegt werden, gibt es als Betonwerksteine in den unterschiedlichsten Farben und Formen – mal im „Naturlook", mal als Verbundpflaster im „Industrielook". **Steine mit breiten Fugen oder Rasengittersteine** reduzieren den Anteil an versiegelter Fläche, indem sie das Oberflächenwasser versickern lassen.
Ihr **Vorteil:** Sie machen das sonst not-

wendige Gefälle beziehungsweise eine Drainage überflüssig. Ihr **Nachteil:** Sie sind schlecht begehbar, mit dem Rollstuhl nicht befahrbar und umständlich zu pflegen. Eine bessere Alternative sind **wasserdurchlässige Dränsteine** mit rauer Oberfläche. Sie sind gut begeh- und befahrbar, leicht zu pflegen und umweltfreundlich: Sie lassen bis zu 50 l Regenwasser in der Stunde pro m² versickern und werden ohne Fugen in ein Splittbett verlegt. Neben Pflaster oder Klinker gibt es auch Betonplatten verschiedener Form und Größe mit oder ohne vorgesetzte Oberfläche aus Natursteinimitat.

→ Naturstein
Pflaster und Platten in unterschiedlichen Formaten sind auch in einer Vielzahl von Natursteinen im Handel erhältlich. Ihre **Vorteile**: Durch ihre etwas unregelmäßige Oberfläche wirken sie natürlich und rustikal und beleben das Gartenbild; sie passen dementsprechend am besten in naturnah gestaltete Gärten. Ihre **Nachteile**: Während man Betonpflaster und -platten in ein einheitlich nivelliertes Splittbett verlegt, erfordert die unterschiedliche Höhe bzw. Dicke der Natursteine ein individuelles Anpassen der Sand- oder Splittschicht an

Empfehlenswerte Beläge für Plätze und Wege

Platz bzw. Wegart	Geeigneter Belag	Vorteil	Nachteil
Gehhauptweg oder Fahrweg, Rampe, Treppe, Terrasse	Beton-Pflastersteine, Klinker; Natursteinpflaster	gut zu pflegen, viele Formate und Farben	Entwässerung ist meist nötig; Naturstein ist teurer/aufwändiger zu verlegen
Hauptwege, Kfz-Stellplatz	Dränpflasterstein	gut zu pflegen, griffig, keine Entwässerung nötig	wenig Farben und Formate zur Auswahl
Hauptsitzplatz, Terrasse	Beton-Platten, Klinker, Holzdielen	gut zu reinigen, ebene Fläche ermöglicht festen Stand der Gartenmöbel und verhindert Stolpergefahr	Betonplatten sind schwer aufzunehmen und auszurichten, Holzdielen können bei Nässe rutschig werden
Nebenweg, Nebensitzplatz, Kfz-Stellplatz	wassergebundene Decke, Kies, Splitt, Schotterrasen	wasserdurchlässig, leicht zu pflegen und auszubessern, keine Entwässerung nötig	bleibt in Schuhsohlenprofilen hängen, schlechter begeh- und befahrbar
Nebenweg, Kompostplatz, Nebensitzplatz	Holzhäcksel, Rindenmulch	leicht zu pflegen und auszubessern, angenehm zu begehen	schlecht befahrbar mit schwerem Gerät oder Rollstuhl

jeden Stein bzw. jede Platte. Das macht Verlegearbeiten aufwändiger und – in Fremdleistung ausgeführt – auch noch teurer. Auch die Materialkosten liegen im Vergleich zu Betonsteinen höher. Bei einigen Steinen wird zudem nach einiger Zeit durch die ständige Begehung die Oberfläche spiegelglatt (z.B. bei Basalt oder Granit). Zudem können durch Witterungseinflüsse wie Frost Unebenheiten oder Bruchstellen – besonders bei porösen oder weichen Materialien wie Kalk- oder Sandsteinarten – auftreten, was die Unfallgefahr erhöht.

Der unregelmäßige Verlauf ohne Einfassung verleiht dem Weg Schwung und Leichtigkeit.

Wege und Plätze einfassen

Gepflasterte Gehwege sollten nur dann eine gesonderte Einfassung erhalten, wenn sie in Splitt und Sand gelegt werden. Eine so genannte „Rückenstütze“, also eine unsichtbare Betonschulter am unteren Drittel der Randsteine, verhindert das Wegrutschen des Wegebelags bei Belastung.

Wege mit Plattenbelag sehen am schönsten aus, wenn sie mit den benachbarten Flächen verzahnt und die Ränder von Pflanzen kaschiert werden. Man kann sie aber auch mit Kleinpflaster einrahmen und so einen gelungenen Übergang zu angrenzenden bepflanzten Flächen schaffen.

Wege mit wassergebundener Decke und Belagsmaterialien wie Kies und Splitt sollten einer Einfassung erhalten, damit das lose Material nicht wegrutscht. Ihr **Vorteil:** Wassergebundene Wegdecken fügen sich angenehm in das Gartenbild ein und sind gut zu pflegen, wenn man sie mit großen Pflastersteinen oder Klinkern einrahmt. Die Steine sollten dabei geringfügig höher als die wassergebundene Decke verlegt werden, aber bündig mit der Oberkante der angrenzenden Beet- oder Rasenflächen abschließen. Ihr **Nachteil:** Bei länger anhaltender Trockenheit wird die Wegedecke sehr staubig; in Hausnähe sollte diese Belagsart wegen des Eintrags von Staub und Dreck nicht verwendet werden.

Mulchwege aus Holzhäcksel oder Rindenmulch eignen sich für bepflanzte Beete in Schatten- oder Halbschattenlage, wo sie gut mit den benachbarten Pflanzflächen harmonieren. Man kann aber auch zur Hälfte eingegrabene oder halbierte Baumstämme als Einfassung verwenden. Mulchwege aus organischem

Material müssen alle zwei bis drei Jahre aufgefüllt werden, da das Material langsam verrottet. Sie eignen sich am besten für Nebenwege, sind pflegeleicht und sehr angenehm zu begehen, da sie unter den Füßen federn. **Holzpflaster** mit Rundhölzern verschiedenen Durchmessers oder auch viereckige Hölzer wirken sehr natürlich, besonders in Kombination mit Rindenmulch. Holzpflasterwege in Schattenlagen werden allerdings durch Algenbeläge schnell rutschig, weshalb sie entweder für überdachte Sitzplätze oder in südexponierten Gartenteilen verwendet werden sollten. Da man Einfassungen stets vor dem Wegbelag baut, muss man sich über die Kombination vor dem Wegebau im Klaren sein. Die Nutzung diktiert die Schichtdicke und Zusammensetzung des Unterbaus, die Belagsstärke sowie die Wegbreite, die sich wiederum auf die Materialmaße auswirkt.

Eine praktische Beetkante für Mulchwege.

TIPP

Das richtige Material wählen

Baustoffhändler bieten Musterflächen mit den unterschiedlichsten Platten und Steinen an. Testen Sie Ihren Favoriten sowohl an sonnigen Tagen, damit Sie das Material nicht blendet, als auch an trüben und nassen Tagen, wenn alle Materialien erheblich dunkler und farbintensiver wirken. Prüfen Sie auch mit geschlossenen Augen und bei Nässe die Begehbarkeit mit dem selben Schuhwerk, das Sie im Garten tragen.

Gärten in Hanglage

Ein Garten für Senioren (und auch für alle Gärtner mit eingeschränkter Bewegungsfähigkeit) sollte möglichst eben sein. Viele Grundstücke, vor allem die mit den schönsten Ausblicken, liegen an Hängen. Hier lassen sich Höhendifferenzen im Garten nicht vermeiden. Um so wichtiger ist es, diese so bequem und sicher wie möglich zu überwinden. Viele Niveauunterschiede ließen sich allerdings durch eine durchdachtere Konzeption der Gartenplaner seniorengerechter gestalten. „Barrierefreies Wohnen“ ist für Gebäude und Räume inzwischen ein Schlagwort – für den Garten hat es sich leider noch nicht durchgesetzt.

Rechtzeitig fürs Alter planen

Wenn Sie ein Grundstück in Hanglage bewohnen, sollten Sie sich bereits in jungen Jahren vor einer Neu- oder Umgestaltung genau überlegen, ob Sie hier nicht jetzt schon späteren Bedürfnissen Rechnung tragen wollen. Flexible Gestaltungsvarianten erlauben bei Bedarf die einfache „Umrüstung“ einer Situation. Bedenken Sie dabei: Alle Erdarbeiten sind aufwändig und teuer. Man muss eine Phase der Bauarbeiten durchstehen, die alles andere als angenehm ist. Der Boden wird durch schwere Baumaschinen verdichtet, zerwühlt und umgelagert. Bei Umgestaltungen vorhandener Gärten müssen Pflanzen ausgegraben und zwischengelagert werden oder sogar weichen. Anpassungen am Haus und eventuell vorhandener Nebengebäude wie Garagen oder Carports müssen vorgenommen werden. Diesen (kostspieligen) Aufwand sollte man möglichst nur einmal treiben, ihn deshalb sorgfältig und langfristig planen.

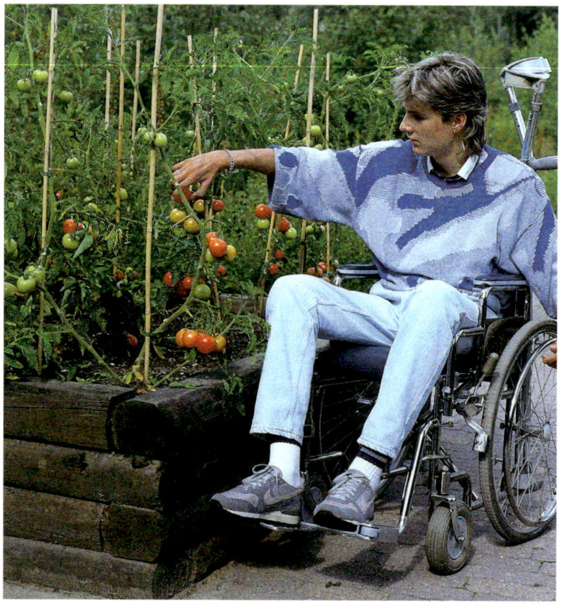

Hochbeete sind auch für Rollstuhlfahrer gut erreichbar.

Vor der Geländemodellierung muss feststehen, wie Sie den Hang so unterteilen wollen, dass Höhendifferenzen optimal abgefangen werden. Hanglagige Grundstücke sollten so terrassiert werden, dass sich mehrere gut nutzbare Flächen ergeben. Deren Nutzung müssen Sie vorher festlegen, damit auch die Größe darauf abgestimmt werden kann. Bedenken Sie dabei die Nähe zum Haus, die Erreichbarkeit, die Himmelsrichtung, aber auch die Einflüsse durch Nachbargrundstücke. Die unterschiedlichen Ebenen sollten sowohl unter praktischen als auch ästhetischen Gesichtspunkten miteinander verbunden werden.

Mauern, Wege, Treppen, Rampen

Die Planung der **Mauern, Wege und Treppen** an Hängen ist nicht einfach, besonders wenn es sich um ein Gefälle in zwei Richtungen handelt. Stützmauern und Treppen in sinnvollen Abmessungen können einerseits der Höhenüberwindung dienen, andererseits gut erreichbare Beetflächen durch die „Doppelnutzung“ als Treppenbeete darstellen oder auch zusammen mit einer passenden Bepflanzung den Garten wirkungsvoll in Szene setzen (siehe auch Seite 78).

Die großzügige Treppe dient gleichzeitig als Sitzplatz für die Beetpflege.

Einfacher zu überwinden als Treppen sind **Rampen**, deren Gefälle 6 % nicht überschreiten darf, wenn sie mit dem Rollstuhl befahrbar sein sollen. Auch für rollbare Gehhilfen, Stock oder Krücken sind Rampen eine gute Alternative, Steigungen oder Gefälle zu meistern. Man kann sie im Gegensatz zu Treppen auch problemlos mit der Schubkarre oder dem Handwagen befahren. Wichtig ist jedoch, dass der Belag ausreichend griffig ist und auch bei Nässe nicht rutschig wird. Bei Schnee oder Eis muss man besonders vorsichtig sein und nötigenfalls mit Sand, Splitt oder auch Streusalz für risikolose Begehbarkeit sorgen.
Jedes Bauwerk, das einen Hang abböschen oder begehbar machen soll, muss von seinen Funktionen und Maßen genau festgelegt und auf seine Verwendung hin überprüft werden. Dazu muss der zu überbrückende Höhenunterschied bekannt sein, um den Aufbau, die passende Höhe und Neigung von Mauern, die Anzahl an Stufen, deren Höhe und Auftrittstiefe bei Treppen oder das Gefälle von Rampen ermitteln zu können.
Ziehen Sie aber bei Planung und Entwurf einer seniorengerechten Um- oder Neugestaltung einen Garten- oder Landschaftsarchitekten zu Rate. Ihr eigener planerischer Beitrag ist aber genauso wichtig, denn an Ihren Vorstellungen und Bedürfnissen orientiert sich die individuelle Gartengestaltung. Es ist sinnvoll, wenn Sie Ihre Wünsche vorher möglichst genau zu Papier bringen, damit Sie eine Grundlage für das Gespräch mit dem Fachmann haben.

TIPP

Treppen-Tipps

Testen Sie vor dem Treppenbau die für Sie bequemste Auftrittshöhe und -tiefe an vorhandenen Treppen. Planen Sie immer einen Handlauf, bei mehr als drei Treppenstufen ein Geländer an der für Sie günstigsten Seite sowie eine ausreichende Beleuchtung ein.

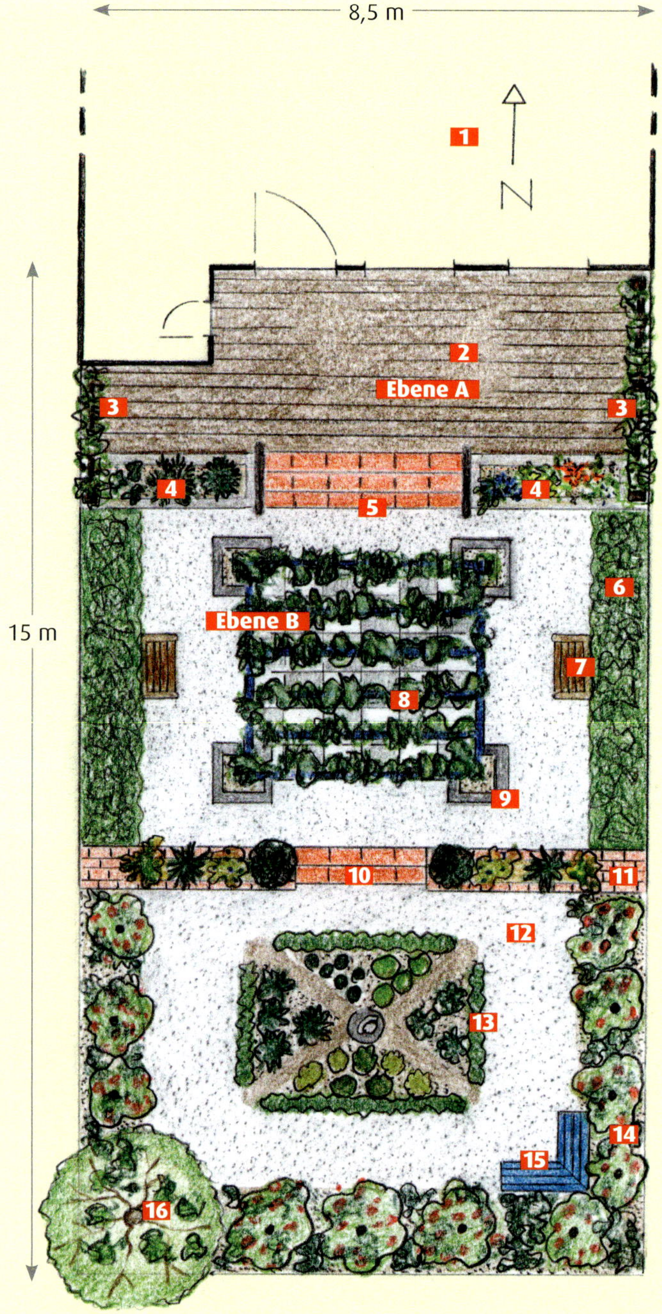

Lösung 1 für einen kleinen, hanglagigen Garten: **Formaler Stil** in drei Ebenen mit symmetrischer Aufteilung. Terrasse mit bepflanzten Steintrögen, begrünter Pergola und einem Kräuterbeet im Kiesgarten.

1 Haus
2 Holzdeck
3 Beidseitiger Sichtschutz (begrünt)
4 Bepflanzte Steintröge
5 Klinkerstufen mit Handläufen
6 Geschnittene Hecke
7 Sitzbank
8 Pergola (begrünt) mit Platten im Schachbrettmuster
9 Pflanzbeete
10 Klinkerstufen
11 Klinkermauer mit eingelassenen Pflanzkübeln
12 Belag aus hellgrauem Splitt
13 Kräuterbeet mit Skulptur
14 Umrahmung mit Strauchrosen, unterpflanzt mit schattenverträglichen Bodendeckern
15 Winkelige Sitzbank
16 Kleingehölz (z.B. Sternmagnolie)

Lösung 2 für einen kleinen, hanglagigen Garten: **Frei gestalteter Garten** in drei Ebenen mit Terrasse und Hochbeet für Gemüse, Treppe mit Rampe, kleinem Teich, Bachlauf und einem Baum im unteren Gartenteil.

- **1** Haus
- **2** Terrasse mit Mischfläche (Betonpflaster und Klinker)
- **3** Bepflanzter Wassertrog
- **4** Hochbeet mit Rankgerüst für Gemüse, Kräuter und Einjährige
- **5** Fünfstufige Treppe mit einseitigem Handlauf und Steilrampe
- **6** Aus unterirdischer Zisterne gespeister Quellstein mit Bachlauf
- **7** Solitärstrauch (z.B. Weigelie)
- **8** Hecke aus klein bleibenden Sträuchern, im Vordergrund robuste Teichbegleitpflanzen
- **9** Fünfstufige Treppe mit beidseitigem Handlauf und Steilrampe
- **10** Teich
- **11** Mäuerchen aus Findlingen zum Abfangen der Höhendifferenz
- **12** Solitärstrauch (z.B. Felsenbirne)
- **13** Polsterstauden und Gräser
- **14** Sitzbank
- **15** Kleinkroniger Baum (z.B. Eberesche)
- **16** Belag aus Feinkies
- **17** Geschnittene Hecke

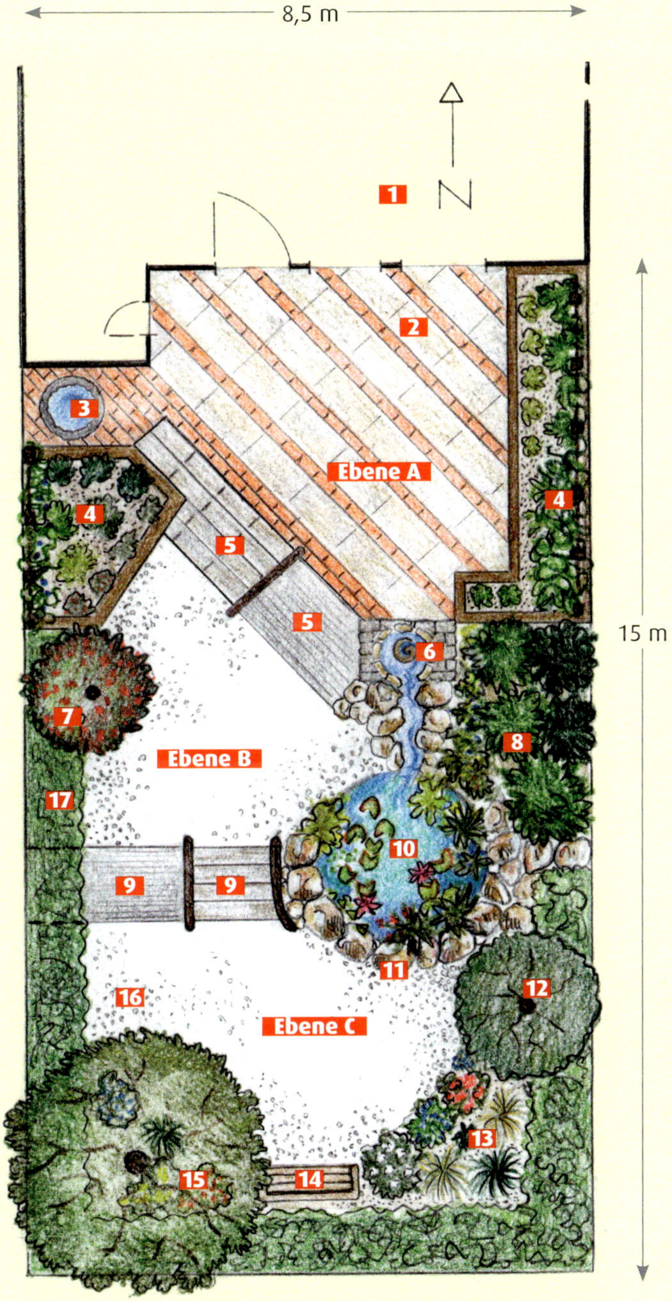

Böschungsbauwerke

Bauwerk	Optimale Höhe	Breite/Länge	Material	Gestaltung
Garage, Lagerraum, Gartenhütte	2,20 bis 2,50 m	2,5 m bis 5 m/ 5,5 m bis 7 m	Beton, Mauerwerk, Holz	Dachbegrünung, Terrasse
Erdkeller zum Lagern von Obst und Gemüse, Wein	2 bis 2,50 m	je nach Platzbedarf	Naturstein, Mauerwerk	Dachgarten, Dachbegrünung
Treppenbeete, Hochbeete	0,6 bis 0,9 m	beliebig/Tiefe max. 70 cm	Holz, Beton, Naturstein	0,6 – 0,7 m Nutzfläche plus 0,4 m Weg
Alpinum	je nach Gefälle	wie Treppenbeete	Naturstein, Schotter, Splitt	mit integrierter Natursteintreppe
Erdgewächshaus	2 bis 2,50 m	3,6 bis 4 m/ beliebig	Beton, Stein	mit Hochbeeten und Glastür
Stützmauern	0,45 bis 1,20 m	0,25 bis 0,50 m	Mauerwerk, Beton, Palisaden	bepflanzte Trockenmauer
Treppen	Stufenhöhe 15 cm	Stufenbreite mindest. 80 cm, Auftrittstiefe mindest. 34 cm	Beton, Holz, Naturstein, massive Blockstufen liegen sicherer als Stellstufen	lange Treppen durch Podeste und Richtungswechsel auflockern, seitl. Bepflanzung
Serpentinenweg	Steigung max. 6% wegen Befahrbarkeit mit Rollstuhl	mindestens 1,20 m breit; Podeste vorsehen	Betonpflaster, wassergebundene Decke	seitliches Gefälle und Geländer bedenken
Bachlauf (mit Kaskaden) im bepflanzten Hang	Gefälle durch Anordnung der Stufen variieren	0,5 bis 1 m/ beliebig	Folie, Beton, Fertigelemente	mit seitlichen Natursteintreppen zum Begehen/ Pflegen

Auch die Ausführung sollten Sie einem renommierten Betrieb des Garten- oder Landschaftsbaues überlassen. Wenn es Ihre Konstitution erlaubt, können Sie vor Baubeginn in Absprache mit dem ausführenden Betrieb Vorarbeiten ausführen oder auch das Baugeschehen begleitend unterstützen. Viele Gartenbaufirmen stehen der (Kosten senkenden) Mitwirkung des Gartenbewohners oder -besitzers zunehmend aufgeschlossen gegenüber, solange man sich an getroffene Absprachen hält und konstruktiv mitarbeitet. Klären Sie jedoch im Vorfeld, welche Arbeiten Sie übernehmen können, ohne die Gewährleistung der Fachfirma zu gefährden.

Plätze zum Nutzen und Ruhen

Gerade im Alter ist der Wechsel zwischen körperlicher Aktivität und Ruhe wichtig. Um echte Entspannung zu finden und wieder Kraft tanken zu können, sollten Sie den Ruheplätzen im Garten genauso viel Aufmerksamkeit widmen wie den Bereichen aktiver Erholung, wo Sie Ihren Hobbys nachgehen.
Schon im Vorfeld haben Sie sich Gedanken über Ihren Tagesrhythmus gemacht, über die richtige Himmelsrichtung von Plätzen, ihre Nutzung und Größe. Da ein einziger Platz selten allen Ansprüchen genügt, sollten Sie mehrere kleine Ruhezonen in verschiedenen Gartenbereichen vorsehen, die Sie je nach Tageszeit und Bedürfnis aufsuchen können. Allerdings bedeuten Sitz- oder Liegemöbel an unterschiedlichen Orten auch mehr Arbeit.
Am praktischsten sind Liegen oder Sessel aus Plastik oder auch Metall, die man vom Frühjahr bis zum Herbst draußen stehen lassen und jederzeit mit einem Kissen unter dem Arm aufsuchen kann. Gartenmöbel mit großen Rollen, die sich auch auf dem Rasen leicht bewegen lassen, erhöhen die Flexibilität.
Im Winter sollte man allerdings die meisten Gartenmöbel unterstellen; der geeignete Platz dafür muss vor dem Kauf vorhanden sein oder es muss eine Unterstellmöglichkeit geschaffen werden. Für schöne sonnige Wintertage sollten Sie immer einen leichten bequemen Klappstuhl griffbereit haben, um jederzeit die begehrten Sonnenstrahlen nutzen zu können.
Aber nicht nur der Platz selbst, auch seine Umgebung ist wichtig. Sicht- oder Sonnenschutz, Ausblicke, Übergänge und die Einbettung in den Garten bestimmen seinen Charakter. Die Atmosphäre wird von dem Sitzmobiliar, der Materialwahl, dem Stil, der angrenzenden Bepflanzung, von Gerüchen, Geräuschen und den Lichtverhältnissen bestimmt.

Staudenpflege im Sitzen ist schonender als in gebückter Haltung.

Terrassen am Haus

Für die Hauptterrasse sind Lage und Himmelsrichtung besonders wichtig. Sie sollte bequem von Küche, Ess- oder Wohnraum erreichbar sein und geschützt liegen. Je nach Lebensrhythmus ist eine optimale Ausrichtung zur Sonne während des gesamten Gartenjahres wünschenswert. Aber auch Hauptwindrichtung, Sicht- und Lärmschutz müssen bedacht werden. Meistens werden Terrassen nur an einer Hausseite und zu kleinflächig geplant. Für eine kombinierte Sitz- und Liegefläche, eventuell noch mit einer Grillmöglichkeit versehen, müssen Sie 30 bis 40 m^2 veranschlagen. Liegt Ihre Terrasse exakt in Süd- oder Südwestrichtung, sollten Sie eine Teil- oder Komplettschattierung durch Schirme, Markisen oder Pergolen vorsehen (siehe Seite 40ff). Führt man eine Terrasse um eine Hausecke herum, hat man sowohl Sonnen- als auch Schattenbereiche.

Damit Haus und Terrasse eine optische Einheit bilden, sollten Sie das Belagsmaterial auf den Stil des Hauses abstimmen. Ein großzügig dimensionierter Ausgang ohne Schwellen erleichtert auch Gehbehinderten und Rollstuhlfahrern den Übergang von drinnen nach draußen. Sehr helle Materialien sollten Sie vermeiden, denn sie reflektieren das Sonnenlicht zu stark. Zu dunkle Materialien sehen

Ein schöner geschützter Sitzplatz ersetzt im Sommer Wohn- und Esszimmer.

bei Nässe und trübem Wetter oft trostlos aus. Klinker, Terrakotta, Betonwerksteinplatten mit Vorsatz aus gemahlenem Naturstein und Betonsteine in Naturtönen sehen schön aus und sind pflegeleicht. Natursteinpflaster und -platten sind weniger empfehlenswert. Diese sind zwar dekorativ, bergen aber aufgrund ihrer unebenen Oberfläche eine erhöhte Stolpergefahr und bringen Tische und Stühle zum Wackeln. Zudem sind sie sowohl vom Materialpreis her als auch beim Verarbeiten deutlich teurer als Kunststeine (siehe auch Tabelle Seite 29).

Die Terrassengestaltung können Sie durch wenige bauliche Veränderungen seniorenfreundlich vornehmen: Bei **höher gelegenen Terrassen** kann eine niedrige Einfassungsmauer dem Platz optisch Halt geben und gleichzeitig einen Sitzplatz darstellen. Die Mauer muss aber Aussparungen für das Regenwasser haben, die man am besten so breit wählt, dass man auch Schmutz hinaus kehren kann. Baut man eine doppelte Mauer in Form eines Troges, so können Sie daraus ein Hochbeet machen, das Sie bequem bepflanzen und pflegen, eventuell auch beernten können.

Häufig sieht man in deutschen Gärten **exponierte Terrassen** auf dem „Präsentierteller", bei denen zum Abfangen des Höhenunterschiedes zwischen Terrassenbelag und dem tiefer gelegenen Gartens ein steiler Hang angelegt wurde. Was in jungen Jahren dann als schmucker, aber arbeitsintensiver

Großzügige Treppenbeete mit flachen Stufen …

… binden die Terrasse in den Garten ein und sind auch bepflanzt gut zu pflegen.

Steingarten gestaltet wurde, kann mit abnehmender Beweglichkeit zur Last werden – sowohl bei der Pflege als auch beim Betreten des Gartens von der Terrasse aus. Vermeiden Sie also bei Neuanlagen von vorne herein abrupte Niveauunterschiede oder gestalten Sie diese rechtzeitig um, bevor Ihnen im wahrsten Sinne des Wortes „alles über den Kopf wächst":

- Modellieren Sie mit sanftem Gefälle über eine längere Distanz oder mit Hilfe einer moderaten Terrassierung diesen Hang formschön und pflegeleicht um oder
- füllen Sie auch das angrenzende Gartenstück soweit auf, dass der Höhenunterschied abgemildert wird; lassen Sie es an den Grenzen zu den Nachbargrundstücken entweder abfallen oder fangen Sie es mit niedrigen Palisaden, Randsteinen oder verflochtenem und austriebsfähigem Lebendbauwerk auf.

Terrassen ebener Grundstücke, die ohne Höhenunterschied an ein Beet oder an eine Grünfläche grenzen, stellen eine gelungene Verzahnung vom Haus und Garten dar. Unregelmäßige Kanten und geschwungene Formen sorgen für einen weichen Übergang, der durch eine Überwallung der Terrassenränder mit niedrigen, Polster bildenden Stauden noch harmonischer wird. Diese Flächen lassen sich durch gezielte Pflanzenauswahl (siehe Seite 46ff) pflegeleicht halten; darüber hinaus kann man auch mit Gehbehinderungen problemlos von der Terrasse in den Garten und umgekehrt gelangen.

Überdachte Sitzplätze

In warmen und sonnigen Gebieten kann eine Überdachung von Sitzplätzen ebenso sinnvoll sein wie in regenreichen kühlen Gegenden. Bedenken Sie aber, dass eine vollständige, fest installierte Überdachung auch die direkte Sonneneinstrahlung im Frühling, Herbst und Winter abschirmt. Besser ist es deshalb, entweder nur einen Teil der Terrasse zu überdachen oder den Sonnenschutz mobil anzubringen, sodass er in den sonnenärmeren Jahreszeiten entfernt werden kann. Je nach persönlicher Vorliebe können Sie diesen Bereich entweder in Vollschatten durch die Verwendung lichtundurchlässigen Materials tauchen, oder Sie verwenden teildurchlässigen textilen oder pflanzlichen Sonnenschutz, der lichten Schatten spendet.

Im Sommer ist zumindest eine temporäre Überdachung als Sonnenschutz sinnvoll. **Markisen** aus witterungsbeständigem Material, wie zum Beispiel Acrylgewebe, sind pflegeleicht und flexibel einsetzbar. Achten Sie auf helle Farben, damit es unter dem Sonnenschutz nicht zu warm wird. Man kann sie von Hand mit einer Kurbel oder per Knopfdruck mit Elektromotor aus- und einrollen. Elektronische Steuerungen fahren die Markise automatisch ein und aus, wobei sie sogar Lichtintensität und Windstärke berücksichtigen.

Sonnenschirme sind eine preiswerte Alternative, wenn man nur einen kleinen Platz schattieren möchte. Sie sollten windsicher aufgestellt und im Winter trocken und sicher vor Mäusen verstaut werden.

Fest installierte Dächer haben den Vorteil, dass Gartenmöbel und Wäsche vor Regen geschützt sind. Baut man sie teilweise aus durchsichtigem Kunststoff oder Glas, kann man

Eine begrünte Pergola spendet lichten Schatten.

sie auch zu kühleren Jahres- oder Tageszeiten, am Morgen oder am Abend als geschützte, aber helle Sitzplätze nutzen. Das Dachwasser kann man auffangen und zum Gießen verwenden oder man speist damit den Teich. In schnee- und regenreichen Gebieten müssen die Dächer mindestens 20 % Gefälle haben, damit der Schnee herunterrutschen kann und sich keine Algen und Moose ansiedeln. Unter fest installierten, großflächigen Dächern staut sich aber auch die Wärme, so dass es dort sehr heiß werden kann.
Eine **begrünte Pergola** ist hier eine gute, wenn auch nicht regendichte Alternative, da sie je nach Bepflanzung einen mehr oder minder lichten Schatten spendet, während es unter ihrem Blätterdach immer angenehm luftig bleibt. Zudem fügt sie sich als „natürlicher Schattenspender" ideal in den Garten ein. Je nach Stil des Hauses und des Gartens kann man zwischen Modellen aus Gusseisen, verzinktem Stahl oder Holz in mal kühl-nüchterner, mal romantisch-verspielter Form wählen. Je nach Bauweise kann eine Pergola die Terrasse überdachen, als senkrechte Stellwand gleichzeitig Sicht- und Sonnenschutz darstellen und als Bogen über dem Eingang einen floralen Willkommensgruß senden. Je nach Standort pflanzt man in Sonne oder Schatten gedeihende Kletterpflanzen daran, die sich mit Hilfe unterschiedlicher Strategien entweder selbst empor klimmen, winden, haften oder aufgebunden werden müssen. Das Sortiment hält sowohl sommer- als auch immergrüne Kletterer bereit, Blattschmuckpflanzen ebenso wie wahre Blütenwunder oder

TIPP

Sonnenschirme einfach umstellen

Sonnenschirme sind besonders einfach zu verrücken, wenn man den schweren Fuß auf eine niedrige Rollhilfe stellt oder montiert, wie sie zum Transportieren schwerer Pflanzenkübel angeboten wird.

zart bis intensiv duftende Gewächse. Diese Palette an Möglichkeiten birgt aber auch Nachteile: Im Gegensatz zu Materialien wie Metall oder Holz, deren Imprägnierungen oder Anstriche gelegentlich erneuert werden müssen, verlangen die pflanzlichen Schattenspender regelmäßige Pflege in Form von Wasser- und Düngegaben, Schädlingskontrollen und fachgerechtem Schnitt, je nach Pflanze eventuell sogar Winterschutz. Auch kleine **Pavillons** sind schattige Sitzplätze, die man als reizvollen Blickfang vom Haus und Terrasse aus am anderen Ende des Grundstücks aufstellen kann. Dieser Standort ist aber bei größeren Gartengrundstücken nur dann sinnvoll, wenn Sie den Pavillon nicht als Essplatz im Freien nutzen wollen – das Heranschaffen von Speisen und Getränken, von Geschirr sowie von vergessenen Essutensilien ist über weite Strecken doch sehr umständlich. Als gemütlicher Ort zum Lesen oder für ein Schläfchen im Schatten während der Mittagshitze, aber auch zum Unterstellen der Gartenmöbel im Winter ist dieser Platz besser geeignet.

Wohlriechendes Geißblatt am Sitzplatz: Duft und Blickfang zugleich.

Freisitze

Freisitze können an verschiedenen Stellen im Garten angelegt werden. Am einfachsten ist es, eine Bank dorthin zu stellen, wo man sich am liebsten ausruht. Meist fühlt man sich mit einer Mauer, Hecke oder einem Baum im Rücken und einem schönen Ausblick erst richtig wohl. Die Bank sollte bequem und praktisch sein, dem Wetter viele Jahre trotzen können und pflegeleicht sein. Gut platzierte und stilistisch passende Bänke sind häufig auch ein stimmungsvolles „i-Tüpfelchen", das den Charakter des Gartens betont. Man kann sie direkt auf den Rasen stellen oder einen kleinen befestigten Platz anlegen. Der Bodenbelag sollte jedoch zur Bank und zur Bepflanzung passen: Rustikale Holzbänke verlangen nach einem natürlichen Belag wie Kies, Splitt oder Rindenmulch; die Pflanzenzusammenstellung kann einem Bauerngarten nachempfunden sein oder aus naturnahen, standortgerechten und pflegeleichten Gewächsen bestehen. Gusseiserne Bänke mit verspielten Formen sind ideal für romantische Freisitze und einem hellen

Plattenbelag zusammen mit Rosen, hohen Schmuckstauden oder großblumiger Waldrebe.
Bei einem mit Pflaster oder Platten befestigten Untergrund sollte der bemessene Platz nicht zu klein sein. Als Aufweitung inmitten oder am Ende eines Weges, aber auch als Sitznische vor einem Hang mit Mauer fügt sich eine befestigte Fläche harmonisch in den Garten ein. Ist der Sitzplatz für zwei oder mehr Menschen bestimmt, sollte man auch über Kommunikationsformen und die Position der Gesprächspartner zueinander nachdenken. Ein vertrautes Paar wird vielleicht nebeneinander auf einer Bank sitzen wollen. Für mehrere Personen bietet sich eine Stellweise übereck mit zwei Bänken an. Will man gesellig beisammen sitzen und zum Beispiel etwas trinken oder Karten spielen, muss zu zwei gegenüber stehenden Bänken ein Tisch gestellt werden. Hierzu passend sollten Sie Bänke ohne Armlehnen und einen Tisch mit zentralem Fuß wählen, damit jeder bequem sitzen und vom Tisch aufstehen kann, ohne Bank oder Tisch verschieben zu müssen. Eine Rückenlehne ist aber das Minimum an Bequemlichkeit für längeres Sitzen.

TIPP

Tipps für Gartenmöbel

Gartensessel mit verstellbaren Fußteilen sind zwar bequem fürs Nickerchen, aber zu niedrig fürs Sitzen am Gartentisch. Passend zu Sesseln und Liegen gibt es aber praktische Rolltische, die man auch als Servierwagen verwenden kann. Achten Sie auf große geländegängige Rollen und auf einen hohen Bügel zum Schieben, damit Sie sich dabei nicht bücken müssen.

Gartenmöbel

Während früher die Biergartenbank, ein Klappstuhl oder ein starres Plastikmodell genügte, stellt man mit zunehmendem Alter und abnehmender Agilität andere Ansprüche: Sitzmöbel sollten leicht, dabei aber robust sein, per großer Rollen einfach transportiert und bewegt werden können und auch leichtgängig auf- und zuzuklappen sein. Extras wie individuell verstellbare rückwärtige und seitliche Stützen sowie regulierbare oder abnehmbare Fußteile erhöhen den Sitz- und Liegekomfort. Die Sitzpolster sollten möglichst dick, der Bezug verschleißfest und unempfindlich sein. Vor dem Kauf eines individuell passenden Gartenmöbels sollten Sie die obigen Kriterien bei den verschiedenen Modellen eingehend testen. Nehmen Sie sich genügend Zeit beim Probesitzen und -liegen, da sich erst nach einigen Minuten unbequemes Sitzen oder Liegen bemerkbar macht. Proben Sie außerdem mehrmals das Hinlegen oder -setzen und das Aufstehen, da das bei niedrigen Möbeln selbst für junge Menschen schwierig ist.

Mit Pflanzen gestalten –

dekorativ und pflegeleicht

Eine Gartengestaltung ist dann seniorenfreundlich und pflegeleicht, wenn die Pflanzen an die Standortbedingungen angepasst sind. Man braucht sie in der Regel nicht viel zu düngen oder zu gießen, sondern muss nur ab und an ordnend eingreifen. Dafür hat der Gartenbesitzer mehr Zeit, die verschiedensten Tierarten sowie das Werden und Vergehen im Rhythmus der Jahreszeiten zu beobachten und die Natur zu genießen.

Gut gewählt ist halb gewonnen

Bevor Sie sich für eine Pflanze und ihren Standort im Garten entscheiden, sollten Sie sich genau im Klaren darüber sein, was Sie von ihr erwarten. Soll sie Obst liefern? Soll sie im Sommer Schatten spenden oder im Winter für Sichtschutz sorgen? Soll sie Blüten- beziehungsweise Blattschmuck bieten? Soll sie den Stil des Hauses und des Gartens unterstreichen? In jedem Fall sollten Sie schon bei der Planung und Auswahl auf die **Endgröße** der Gehölze achten, sonst wirkt Ihr Garten schon nach wenigen Jahren überladen.

Wenn Sie sich über den **Verwendungszweck** klar geworden sind, müssen Sie nun die dafür für geeigneten Arten beziehungsweise Sorten herausfinden. Dazu müssen Sie die **Standortbedingungen** Ihres Gartens kennen. Das sind vor allem die Temperatur, das Klima, das Licht, das Wasserangebot und die Bodenverhältnisse. Achten Sie beim Kauf auf die **Pflegeleichtigkeit** und **Robustheit**. Pflanzen, die der winterlichen Kälte unserer Breiten trotzen, müssen im Winter nicht oder nur in Ausnahmefällen vor Minusgraden geschützt werden. Bei empfindlichen Vertretern kommt es immer wieder zu Totalausfällen, die Sie im Frühjahr wieder ersetzen müssen. Diese Mühe und die Kosten sollten Sie sich sparen.

Die Pflanzen werden in verschiedenen Qualitäten (Wuchshöhe/Durchmesser, Wurzel-, Ballen- oder Containerware) angeboten. Die beträchtlichen Kostenunterschiede verschiedener Qualitäten innerhalb einer Pflanzenart resultieren aus der unterschiedlichen Verweildauer in der Baumschule sowie dem Arbeitsaufwand durch mehrmaliges Umpflanzen und gegebenenfalls dem Ballenstechen. Gehölze, die zudem in besonderer Form erzogen wurden, verursachen weitere Kosten. Wenden Sie sich immer nur an seriöse Anbieter, deren Ware in ähnlichem Boden und unter ähnlichen Bedingungen herangezogen wird wie die Pflanzen in Ihrem Garten.

TIPP

Pflanzenauswahl leicht gemacht

Gute Baumschulen beschreiben in ihren Pflanzenkatalogen neben den Standortansprüchen der Pflanzen außerdem noch die Wuchsform, das Wachstumsverhalten, die Blüte und die Frucht sowie weitere Eigenschaften. Diese Angaben können Sie gut zur Orientierung beim Zusammenstellen Ihrer Pflanzpläne und für den Pflanzenkauf verwenden.

Bäume und Sträucher

Bäume und Sträucher können einem Garten Struktur geben, ihn gliedern, Schatten spenden, für Wind- und Sichtschutz sorgen, Früchte liefern, Duft verströmen und eine bestimmte

Kleine pflegeleichte Bäume für den Hausgarten

Deutscher Name	Botanischer Name	Wuchsform	Endhöhe/ -breite	Besonderheiten
Baum-Hasel	*Corylus colurna*	pyramidal-aufrecht	bis 12 m/ bis 4 m	essbare Nüsse in dekorativen Fruchtbechern
Blumen-Esche	*Fraxinus ornus*	sehr schlank	8 bis 12 m	viele, weiße Blüten im Mai, schöne Herbstfärbung
Eberesche	*Sorbus aucuparia*	schlank-aufrecht	10 bis 12 m	rahmweiße Blütendolden im Mai, goldgelbe bis ziegelrote Herbstfärbung, korallenrote Früchte
Fächer-Ahorn	*Acer palmatum* 'Garnet'	schirmförmige Krone	bis 3 m/ im Alter 4 bis 5 m	leuchtend rote Herbstfärbung
Gold-Erle	*Alnus incana* 'Aurea'	schlank	bis 10 m	rotgelbe Rinde
Higan-Zierkirsche	*Prunus subhirtella* 'Autumnalis'	reich verzweigt, breit-aufrecht	5 bis 7 m	weiße bis blassrosa Blüten von November bis April, sofern frostfrei
Kupfer-Felsenbirne	*Amelanchier lamarckii*	eiförmig bis kugelig	bis 8 m	reinweiße Blüte im April und kupferrote Herbstfärbung der Blätter
Säulen-Weißdorn	*Crataegus monogyna* 'Stricta'	schlank	bis 6 m/ bis 1 m	rote Früchte im Herbst, ungenießbar
Scheinbuche	*Nothofagus antarctica*	bizarre Verzweigung	5 bis 7 m	dekorativer Wuchs, genügsam
Stern-Magnolie	*Magnolia stellata*	gedrungen	2 bis 3 m	dekorative, sternförmige weiße Blüte im März/April
Weidenblättrige Birne	*Pyrus salicifolia*	oft kurzstämmig, Zweige waagerecht bis bogig herabhängend	5 bis 9 m	attraktive Blüte im April, Früchte ungenießbar
Wild-Birne	*Pyrus pyraster* 'Beach Hill'	sehr schlank	bis 7 m	schöne Herbstfärbung, Früchte ungenießbar
Zier-Apfel	*Malus sieboldii* 'Calocarpa'	rundkronig-ausgebreitet	4 bis 5 m	weiße Blüten im Mai, glänzend rote, genießbare Früchte von August bis Dezember

Atmosphäre zaubern. Sie sind unverwechselbare Individuen, jeder ist anders gewachsen. Ihre Kronenform ist zwar genetisch vorgegeben, ob ein Baum sie jedoch entwickeln kann, hängt von den Standortbedingungen ab. Es gibt gedrungene, schlanke und kugelförmige Baumkronen, breit aus-

TIPP

Gut in Form

Manche Gehölze müssen jedes Jahr fachgerecht geschnitten werden, andere benötigen nur geringe Korrektur- oder Pflegeschnitte, um ihre charakteristische Form zu entwickeln. Bedenken Sie dies bei der Auswahl, denn es kann Ihnen in einigen Jahren schwer fallen, auf einer Leiter zu stehen und umfangreiche Schnittmaßnahmen durchzuführen.

ladende und hängende Äste, hohe und niedrige Stämme. **Standortgerechte Gewächse** helfen, den Garten harmonisch in die Landschaft einzubetten, während fremdländische eine exotische Atmosphäre schaffen, die allerdings auch zu den Gebäuden, dem Gartenstil und der übrigen Bepflanzung passen sollte.
Für kleine Hausgärten gibt es inzwischen von vielen Arten langsam wachsende beziehungsweise klein bleibende Sorten mit unterschiedlicher Stammhöhe und Kronenform.

Die Eberesche ist ein ebenso hübscher wie pflegeleichter kleiner Hausbaum.

Robuste Gehölze für Schnitthecken

Deutscher Name	Botanischer Name	Eigenschaften	Pflanzenbedarf/ lfdm Hecke
Europäische Eibe	*Taxus baccata*	immergrün	4 bis 5
Europäischer Buchsbaum	*Buxus sempervirens*	immergrün, langsam wachsend	4 bis 5
Feld-Ahorn	*Acer campestre*	schnell wachsend	4 bis 5
Gewöhnliche Hainbuche	*Carpinus betulus*	lang haftendes Laub	3 bis 4
Gewöhnlicher Liguster	*Ligustrum vulgare*	in milden Lagen immergrün	4 bis 6
Lebensbaum	*Thuja orientalis/ occidentalis, plicata*	immergrün	3 bis 4
Rot-Buche	*Fagus sylvatica*	lang haftendes Laub	3 bis 4
Winter-Linde	*Tilia cordata*	duftende Blüte	2 bis 3

Hecken

Verfügen Sie über einen kleinen Hausgarten, sollten Sie bei der Wahl von Heckenpflanzen auf **klein bleibende** oder **schnittverträgliche** Arten zurückgreifen. Bedenken Sie dabei aber auch immer den Pflege- beziehungsweise Kostenaufwand durch den Schnitt.
Frei wachsende Hecken sind geeignet für größere Grundstücke oder für die freie Landschaft, denn sie können viele Meter hoch und breit werden. Sie haben aber den Vorteil, Ihnen die Schnittarbeiten zu ersparen.
Soll eine Hecke als Abgrenzung zum Nachbarn dienen, lohnt es sich zu fragen, ob man nicht eine gemeinsame Hecke auf die Grenzlinie pflanzen kann – auf diese Weise können beide Seiten Platz gewinnen und sich dabei auch die Schnittarbeiten teilen. Andernfalls muss man sich an die vorgeschriebenen Grenzabstände halten.
Der Abstand der Gehölze zueinander beträgt bei frei wachsenden einreihigen Hecken etwa 1,50 m bis 2 m. Bei geschnittenen Hecken sollte man sich

TIPP

Halten Sie Maß!

Die Grenzabstände für Gehölzpflanzungen werden im Nachbarschaftsrecht der Länder geregelt. Sie betragen in der Regel 50 cm für Sträucher und Hecken bis 2 m Höhe, 2 oder 2,50 m für kleinere Bäume und bis zu 4,50 m für große Bäume. Für Zwerggehölze, Kletterpflanzen und Stauden gibt es keine Einschränkungen. Allerdings kann ein Kreis oder eine Kommune auch eigene Regeln erlassen, so dass Sie sich vor dem Pflanzen auf alle Fälle bei der zuständigen Baubehörde oder dem Gartenbau- beziehungsweise Ordnungsamt erkundigen sollten.

TIPP

Abstand halten!

Vor einer geschnittenen Hecke sollten Sie immer eine mindestens 80 cm breite und ebene Fläche einplanen, auf der Sie bei den Schnittarbeiten gut laufen beziehungsweise eine Leiter aufstellen können. Staudenpflanzungen vor der Hecke sehen zwar schön aus, werden aber beim Junischnitt durch herunterfallendes Schnittgut beschädigt. Ein Kompromiss ist eine Pflanzung mit Frühblühern, die bis zum Junischnitt wieder eingezogen sind.

an die Angaben der Baumschule zur jeweiligen Art beziehungsweise Sorte halten. Je nach Pflanzqualität und Wuchsverhalten werden zwischen zwei und sechs Pflanzen pro laufendem Meter Hecke in einer Reihe gepflanzt. Da bei langen Grundstücksgrenzen einige Kosten zusammen kommen, ist auch der Preis der Pflanzen ein Auswahlkriterium.

Laubhecken bieten im Winter keinen vollständigen Sichtschutz. Immergrüne Hecken sind zu dieser Jahreszeit blickdichter. Sie müssen aber darauf achten, sie im Winter bei gefrorenem Boden zu wässern, da es sonst bei starker Sonneneinstrahlung zu **Frosttrocknis** kommt.

Mit Zwerggehölzen und Steinen lassen sich pflegeleichte Miniatur-Landschaften nachbilden.

Pflegeleichte Zwerggehölze für trockene Hänge und Böschungen

Deutscher Name	Botanischer Name	Blütenfarbe/ -zeit	Höhe	Besonderheiten
Blassrote Kriechrose	*Rosa × polliniana*	rosa (V-VI)	0,4 bis 1,20 m hoch; Triebe bis 3 m, niederliegend oder kletternd	duftende Blüte, nur spärliche Hagebuttenbildung
Buchsbaum	*Buxus sempervirens*	grün (III-IV)	1 bis 2 m	immergrünes Laub
Färber-Ginster	*Genista tinctoria*	goldgelb (V-VIII)	0,6 bis 0,8 m	unbewehrte Triebe
Gewöhnlicher Stechginster	*Ulex europaeus*	gelb (V-VI, im IX Nachblüte)	0,5 bis 1,5 m	immergrüne, bewehrte Triebe
Johanniskraut, Mannsblut	*Hypericum androsaemum*	gelb (VI-IX)	0,5 bis 1 m	gelegentlicher Rückschnitt, wuchert
Kärntener Spierstrauch	*Spiraea decumbens*	weiß (V-VI)	0,3 bis 0,5 m	anspruchslos, Ausläufer bildend
Kriech-Weide	*Salix repens*	Kätzchen (IV-V)	0,3 bis 1,20 m	Bienenweide, ausgebreitete Triebe
Purpur-Geißklee, Zwerginster	*Chamaecytisus purpureus*	rot (V-VII)	0,2 bis 0,5 m	leicht überhängender Wuchs
Sommerflieder	*Buddleja davidii*	blau, violett, weiß (VII-X)	2 bis 3 m	Rückschnitt im zeitigen Frühjahr
Sonnenröschen	*Helianthemum nummularium subsp. grandiflorum*	goldgelb (V bis VI)	bis 0,5 m	reich- und großblütiger Halbstrauch
Zwerg-Felsenbirne	*Amelanchier ovalis 'Helvetica'*	weiß (IV-V)	1 bis 1,50 m	gedrungener Wuchs, schönes Herbstlaub

Zwerggehölze

Gehölzgruppen können aber auch mit Zwerggehölzen im Kleinen nachgebildet werden. Viele Gehölzarten haben in extremen Gegenden aufgrund natürlicher Gegebenheiten Zwergformen entwickelt, die sich besonders für kleine Gärten, Vorgärten, Dachterrassen, Pflanzgefäße oder Themenbeete eignen. Diese kleinwüchsigen Gehölze sind meist **anspruchslos** und **pflegeleicht** und eignen sich daher auch für schwer zugängliche Gartenteile, etwa Steingärten in Hanglage. Einige genügsame Arten halten auch das Erdreich mit ihrem Wurzelsystem fest. Zwerg- und Halbgehölze sind eine gute Ergänzung oder Alternative zu Staudenpflanzungen, besonders wenn man durch nacheinander blü-

hende, niederliegende oder klein bleibende Arten und Sorten von Weiden (*Salix*), Ginster (*Genista*), Geißklee (*Cytisus*) Rosen (*Rosa*) und Johanniskraut (*Hypericum*) miteinander kombiniert.

Kletterpflanzen

Eine praktische Alternative zu immergrünen Hecken sind begrünte Zäune und Sichtschutzelemente. Sie schirmen auch im Winter den Garten ab und verursachen kaum Pflegeaufwand, wenn sie mit den passenden Arten bepflanzt wurden. Wählen Sie aber nur **witterungsbeständige Konstruktionshölzer** aus, denn einmal begrünt kann man sie nicht mehr nachbehandeln, ohne die Pflanzen zu zerstören. Dabei sollte man auch auf nicht rostende Verschraubungen und eine **stabile Bauweise** achten. Stark wüchsige Kletterpflanzen können ein beträchtliches Gewicht entwickeln und eignen sich nur für sicher im Erdreich gegründete Metallkonstruktionen. Lediglich einjährige, schwachwüchsige Kletterer wie Prunkwinden (*Ipomoea tricolor*) oder Einäugige Susanne (*Thunbergia alata*) kommen auch mit leichteren Kletterhilfen zurecht, die dann aber jedes Jahr aufs

Ausdauernde Kletterpflanzen für Zäune und Gitter

Deutscher Name	Botanischer Name	Blütenfarbe und -zeit	Trieblänge (Höhe)/Klettertechnik	Besonderheiten
Alpen-Waldrebe	*Clematis alpina*	blauviolett (IV-V)	2 bis 3 m/ Ranker	glockenartig-nickende Blüten
Großblättriger Efeu	*Hedera helix* 'Arborescens'	weiß (IX-XI)	2 bis 3 m/ Selbstklimmer	vegetativ vermehrte Altersform, reich blühend und fruchtend
Henrys Geißblatt	*Lonicera henryi*	gelbweiß (V-VI)	4 bis 6 m/ Winder	immergrünes Laub
Italienische Waldrebe	*Clematis viticella*	violett (VI-VIII)	2 bis 3 m/ Ranker	winterhart und resistent gegenüber Clematis-Welke, verträgt auch Sonne
Jelängerjelieber	*Lonicera caprifolium*	gelb (III-IV)	4 bis 6 m/ Winder	stark duftende Blüten
Mongolische Waldrebe	*Clematis tangutica*	gelb (VI-X)	2 bis 4 m/ Ranker	fedrige Fruchtstände lange haftend
Wald-Geißblatt	*Lonicera periclymenum*	rotgelb (V-VI)	4 bis 6 m/ Winder	stark duftende Blüten, heimische Art
Winter-Jasmin	*Jasminum nudiflorum*	gelb (II-III)	1 bis 2 m/ Spreizklimmer	schöner Winterblüher, auch „kaskadenartig" als Mauerbegrünung verwendbar

Dekorativen Sichtschutz bieten Clematis-Arten und -Sorten.

Neue bepflanzt werden müssen. Bei der Auswahl der Kletterhilfe und ihren Konstruktionsdetails, wie Stabdicke und Maschenweite, muss man sich an den **Klettertechniken** der gewünschten Pflanzen orientieren. Es ibt **Spreizklimmer**, die sich mit Hilfe einer sparrigen Wuchsform und/oder von Dornen beziehungsweise Stacheln an rauen Oberflächen festhalten. **Winder** schlingen sich mit ihrer gesamten Sproßachse um Stäbe oder Drähte. **Ranker** klettern mittels umgebildeter Blätter oder Seitentriebe an Gittern empor. **Selbstklimmer** können sich ohne Kletterhilfe mit speziellen Haftorganen an Mauern festhalten. Letztere eignen sich besonders für die Begrünung von Mauern und Hausfassaden. Sie ersparen Ihnen das Streichen, sehen schön aus und schaffen auch in kleinen Gärten und Höfen eine angenehme Atmosphäre und Grün „in der dritten Dimension". Zu beachten wäre allerdings, dass die Pflanzen nur auf intakten Oberflächen ohne Risse haften dürfen, da sie bereits bestehende Schäden verschlimmern können.

Stauden

Stauden verleihen dem Garten zu jeder Jahreszeit ein neues Gesicht – mal mit wechselnden Farben durch Blüten oder Blätter, mal durch Formen oder Blattstrukturen. Ihre oberir-

Laub tolerierende Stauden für den trockenen Schatten, unter Bäumen und vor Hecken

Deutscher Name	Botanischer Name	Anzahl pro lfdm/ pro m²	Blütenfarbe/ Blütezeitraum	Höhe
Elfenblume	*Epimedium grandiflorum*	7/12	zartgelb/IV-VI	20 bis 40 cm
Efeu-Gundermann	*Glechoma hederacea*	7/12	blau/IV-VI	10 bis 30 cm
Gewöhnliche Haselwurz	*Asarum europaeum*	9/15	unscheinbar/III-V	5 bis 10 cm
Gewöhnlicher Wurmfarn	*Dryopteris filix-mas*	3/5	Sporenreife: VII-IX	80 bis 140 cm
Goldnessel	*Lamium galeobdolon*	7/12	gelb/IV-VII	20 bis 50 cm
Große Sternmiere	*Stellaria holostea*	7/12	weiß/IV-VI	10 bis 30 cm
Herzblättrige Schaumblüte	*Tiarella cordifolia*	7/12	weiß/IV-V	20 bis 30 cm
Kleines Immergrün	*Vinca minor*	7/12	blau-violett/IV-V	10 bis 20 cm
Nickendes Perlgras	*Melica nutans*	5/9	unscheinbar/V-VI	20 bis 40 cm
Ruprechts-Storchschnabel	*Geranium robertianum*	7/12	rosa/V-X	20 bis 50 cm
Strahlen-Anemone	*Anemone blanda*	30/60	blau-violett/II-III	5 bis 10 cm
Wald-Hainsimse	*Luzula sylvatica*	5/9	goldbraun/V-VI	20 bis 40 cm
Waldsteinie	*Waldsteinia geoides*	7/12	gelb/IV-V	20 bis 30 cm
Wald-Veilchen	*Viola reichenbachiana*	9/15	violett/IV-V, IX	5 bis 15 cm

dischen, nicht verholzenden Triebe ziehen im Herbst ein und mit Hilfe verschiedener **Überdauerungsorgane** überstehen die Pflanzen die kalte Jahreszeit, um im Frühjahr wieder neu auszutreiben. Wichtig für die Verwendung sind das Aussehen, die Blütenfarbe und der Blühzeitpunkt sowie die Ausbreitungsstrategien der Pflanzen: Bilden sie Ausläufer oder samen sie sich selbst aus? Sind sie ihrem Standort treu oder „wandern" sie im Garten umher? Die Pflanzung ist umso pflegeleichter, je stärker Sie die **Standortbedingungen** und das **Ausbreitungsverhalten** der einzelnen Pflanzen berücksichtigt haben. Da der Laie mit der Vielfalt von Stauden überfordert ist, wird oft nur ein allseits bekanntes „Standardsortiment" gepflanzt. Engagierte Produzenten geben aber auch bewährte, ideenreiche Kombinationen an ihre Kunden in Form von Pflanzplänen und Pflanzenpaketen weiter. Wer so gut beraten anfängt, erlebt keine Enttäuschungen und kann dann nach und nach durch Beobachten, Dokumentieren und eigenes Experimentieren neue Arrangements zusammenstellen.

Sage mir, wie du heißt …

TIPP

Beschildern Sie neue Stauden mit den gelieferten Etiketten oder selbst beschrifteten Schildern, die man im Gartenfachhandel kaufen oder selbst basteln kann. Dekorative Pflanzenschilder kann man selbst aus Holz, Ton, Keramik, Glas, Metall, Kieseln, Schieferstein oder kleinen Blumentöpfchen herstellen, indem man sie mit wasserfesten Stiften beschriftet und im Boden verankert.

So wird's schön und pflegeleicht

→Kombinieren Sie für ein interessantes Gartenbild verschiedene Wuchsformen miteinander wie beispielsweise hohe schlanke Pflanzen mit niedrigen oder Polster bildenden Stauden.

→Achten Sie auf verschiedene Blühzeitpunkte oder andere wirkungsvolle Effekte, so dass die Pflanzung dem Betrachter zu jeder Jahreszeit etwas bietet. Auch im Winter kann Ihr Garten mit ausdauernden Gräsern und Pflanzen sowie schön geformten Steinen, bizarren Baumwurzeln und einer Mulchdecke dekorativ wirken.

→Beachten Sie beim Pflanzen der Stauden den Standort; ahmen Sie natürliche Pflanzengesellschaften nach und pflanzen Sie Stauden mit ähnlichen Ansprüchen zusammen.

Auch für Schattenecken gibt es attraktive und robuste Stauden.

Der Nutzgarten in Schachbrettbeeten angelegt ...

→Setzen Sie die Stauden in kleinen Gruppen von beispielsweise drei, fünf oder sieben Pflanzen zusammen. Einige charakteristische Großstauden und -gräser kommen aber am besten in Einzelstellung zur Geltung.
→Zwischen den Pflanzen oder Pflanzgruppen sollte genügend Platz zum Betreten des Beetes, für eine Sitzhilfe und einen Korb bleiben.
→Bedecken Sie alle Flächen zwischen den Pflanzungen mit Splitt, Kies, Grasschnitt oder Holzhäcksel. So können sie betreten werden, es wächst wenig Unkraut, Sie müssen weniger hacken und der Gießaufwand wird reduziert. Die Pflege der Stauden beschränkt sich dann noch auf Hochbinden, Teilen, Pflanzenschutz, Überwinterungschutz durch Abdecken oder Ausgraben (Zwiebeln, Knollen, Rhizome).

Halten Sie die Pflanzen „in Schach"!

Besonders pflegeleicht sind Beete, die an einen Weg grenzen oder sich mit einem Plattenbelag abwechseln. In Schachbrettform angelegt sehen sie zudem dekorativ aus, besonders wenn man die Beetflächen farblich passend zum Plattenbelag mit Splitt, Kies oder Holzhäcksel mulcht. Fasst man Schachbrett- oder Inselbeete mit Holzrahmen ein, können die begehbaren Flächen auch mit Holzrosten oder losem Material belegt werden. Eine bodenbündige Einfassung der Schachbrettbeete aus quadratischen Natursteinen, hochkant gestellten Klinkern, Ziegeln oder Lärchenholzbrettern sieht schön aus und verhindert, dass die Platten verrutschen (siehe S. 58/59). Die Größe der Felder richtet sich nach den Maßen der verwendeten Materialien, sollte aber 120 cm Seitenlänge nicht überschreiten. Beim Bepflanzen setzt man hohe schlanke Pflanzen in die Mitte, halbhohe darum herum; niedrige Bodendecker helfen, die Ränder der Terrassenplatten etwas weicher zu gestalten und die Fläche schnell zu schließen. Die Beethöhe sollte inklusive Mulchdecke etwa ein Fingerbreit unter der Plattenoberfläche liegen.
Sie können auf diese Weise auch eine schadhafte, zu große oder langweilige Terrasse umgestalten, indem Sie einige Platten entfernen und Inselbeete in den Aussparungen anlegen. Auch langweilige, gerade verlaufende Plattenwege bekommen mehr

Schwung und fügen sich besser in die Umgebung ein, wenn man die Ränder durch Entfernen einzelner Platten auszackt und begrünt.
Dazu tauschen Sie für anspruchsvolle Pflanzen die Schotter-, Splitt- oder Sandschicht unter den Platten gegen humose Erde aus. Für Pflanzen magerer trockener Standorte braucht man aber meist nur eine Hand voll Kompost ins Pflanzloch zu geben. Eine passende Mulchdecke verhindert das rasche Austrocknen der Erde und erleichert das Entfernen unerwünschter Wildkräuter. Bei einer Terrasse ohne Dach versickert das gesamte Regenwasser in den Inselbeeten. Deshalb ist hier eine zusätzliche Bewässerung nur direkt nach dem Pflanzen und während lang anhaltenden Trockenperioden notwendig.
Außer den auf den Seiten 58/59 verwendeten Pflanzen eignen sich prinzipiell alle Polster bildenden und Boden bedeckenden Pflanzen für Schachbrettbeete – solange Sie auf die Standortansprüche achten. Die nachfolgend beschriebenen Blumen-, Tritt-, Schotter- und Duftrasen, die sogar eine gewisse Trittbelastung tolerieren, eignen sich ebenfalls für diese leicht zu pflegende und ungewöhnliche Beetform.

... ist übersichtlich und praktisch zu pflegen.

Grünflächen

Zusammenhängende Grünflächen lassen einen Garten großzügig erscheinen und stehen in schönem Kontrast zu Gehölzen. Man kann auf ihnen sitzen oder liegen, Ball spielen und Sport treiben. Rasen- und Wiesengräser stellen aber einige Bedingungen an ihren Standort, damit sie eine dichte Grasnarbe ohne Moose oder andere unerwünschte Pflanzen ausbilden können:

- der Boden sollte sandig-humos und durchlässig sein,
- der pH-Wert des Bodens sollte im leicht sauren bis leicht alkalischen Bereich liegen,
- die Fläche sollte sonnenexponiert sein.

Der Begriff „Rasen“ bezieht sich keineswegs nur auf kurzgeschnittene Süßgräser, sondern auf alle flächigen, niedrig wachsenden Pflanzengesellschaften, die je nach Standort mit unterschiedlich hohem Grasanteil durchsetzt sind. Aber

Schachbrett-Beete für Ästheten

(Pflanzenkombinationen für je 1 m², sonniger Standort)

Vier Jahreszeiten:

1 4 x Teppich-Phlox (*Phlox subulata*, IV bis V)

2 1 x Neuengland-Aster (*Aster novae-angliae* 'Violetta', X bis XI)

3 4 x Sonnenröschen (*Helianthemum nummularium*, V bis IX)

4 20 x Winterling (*Eranthis hyemalis*, I bis III)

Blauer Traum:

5 5 x Zwerg-Glockenblume (*Campanula cochleariifolia*)

6 1 x Wegwarte (*Cichorium intybus*)

7 20 x Sibirischer Blaustern (*Scilla sibirica*)

8 3 x Kleines Immergrün (*Vinca minor*)

Bizzarre Formen:

9 3 x Silber-Wermut (*Artemisia stelleriana*)

10 1 x Junkerlilie (*Asphodeline liburnica*)

11 3 x Lampenputzergras (*Pennisetum alopecuroides*)

12 15 x Schopfige Traubenhyazinthe (*Muscari comosum*)

Schachbrett-Beete für Genießer

(Pflanzenkombinationen für je 1 m^2, sonniger Standort)

Duftende Stauden:

- **1** 3 x Lavendel (*Lavandula angustifolia* 'Forescate')
- **2** 3 x Duftende Nachtkerze (*Oenothera odorata*)
- **3** 6 x Sand-Thymian (*Thymus serpyllum* 'Fragrantissimus')

Aromatische Kräuter:

- **4** 20 x Ausdauernder Lauch, Deutscher Knoblauch (*Allium senescens*)
- **5** 1 x Eberraute (*Artemisia abrotanum*)
- **6** 1 x Spanischer Salbei (*Salvia lavandulifolia*)
- **7** 3 x Winter-Bohnenkraut (*Satureja montana* subsp. *montana*)

Gesundes Obst:

- **8** 1 x Amerikanische Heidelbeere (*Vaccinium corymbosum* 'Blue Crop')
- **9** 8 x Erdbeere (*Fragaria* 'Florica')

auch begehbare Pflanzenteppiche ohne Gräser werden von den Gärtnern als „Rasen“ bezeichnet, wie zum Beispiel der duftende Thymian-Rasen. Für die Pflanzenauswahl von flächigem Gartengrün sind die Nutzung, der Standort und die Pflege ausschlaggebend.
Für viele Hausgärten wird man auf „Gebrauchsrasen“ mit Trittbelastung tolerierenden Grasmischungen zurückgreifen. Hier stellen sich nach und nach auch Beikräuter wie Gänseblümchen, Löwenzahn oder Ehrenpreis ein, die als Farbtupfer im Rasen willkommen sind, solange sie nicht überhand nehmen. Akkurat kurz gehaltene Rasenflächen ohne Beikräuter passen am besten zu formal gestalteten Gärten.

Für naturnahe Gärten sind Blumenwiesen passend, für sehr trockene Flächen ist Schotter- oder Magerrasen gut geeignet. Zu Gärten im rustikalen „Landhaus-Look“ passen auch extensiv bepflanzte Kiesflächen.
Bedenken Sie bei der Anlage grüner Flächen immer auch die Übergänge zu Wegen, Plätzen oder Hecken, denn der Pflegeaufwand in den Randbereichen ist meist am größten.

→**Rasen** benötigt für erfolgreiches Keimen des Saatgutes und eine gleichmäßige Entwicklung eine kontinuierliche Bewässerung. In dieser Zeit ist er auch noch nicht betret- oder belastbar. **Rollrasen** dagegen erspart dem Gärtner die ersten bangen Wochen und ist gleich begehbar.

Diese akkurate Rasenfläche erfordert manuellen und mechanischen Pflegeaufwand.

Auch er muss regelmäßig gewässert werden, damit sich die grünen Rasenbahnen mit dem Untergrund verwurzeln. Allerdings eignet sich Rollrasen nur für größere Grundstücke, da die Bahnen nicht in Kleinstmengen zu beziehen sind.
Der erste Schnitt erfolgt nach etwa vier bis sechs Wochen, wenn die kleinen, noch unverzweigten Halme etwa 10 cm hoch sind. Wie oft gemäht werden muss, hängt vom Nährstoffgehalt des Bodens ab, denn der beeinflusst die Wuchsgeschwindigkeit. Der Pflegeaufwand für Rasen hängt ganz wesentlich von den Erwartungen der Besitzer ab. Soll es wie auf einem Golfplatz aussehen, muss man viel Zeit und Arbeit in seinen artenarmen „grünen Teppichboden“ investieren. Diese Rasenflächen erfordern neben regelmäßigem Mähen, Düngen und Wässern auch gelegentliches Entfilzen und Lockern (Vertikutieren). Duldet man auch Klee und andere Kräuter im Rasen, ist der Pflegeaufwand geringer und deshalb besser für Senioren geeignet. Anstelle „Einheitsgrün“ erhält man eine abwechslungsreiche Grünfläche, worüber sich Bestäuberinsekten freuen.

→**Blumenrasen** nennt man Rasengesellschaften, die nicht ausschließlich aus Gräsern bestehen, sondern auch anderen Blütenpflanzen einen Lebensraum bieten. Sie entstehen auf alten lückenhaften Grasnarben oft von selbst – auch wenn man dann nicht unbedingt die gewünschte Artenzusammensetzung hat. Für eine Neuanlage sollte man eine standortgerechte Samenmischung kaufen oder vom Fachbetrieb zusammenstellen lassen. Je nach Bodenverhältnissen variiert auch das Aussehen und Artenspektrum des Blumenrasens. Sie können zwar begangen, aber nicht intensiv bespielt werden. Sie sind für Seniorengärten ideal geeignet, da sie wenig gedüngt und bewässert werden müssen und in größeren Abständen als ein „englischer Rasen“ gemäht werden brauchen.

→**Blumenwiesen** sind langhalmige, artenreiche Hochstauden- und Grasfluren, deren Artenspektrum und Wuchshöhe abhängig vom Boden und anderen Standortfaktoren, aber auch von Schnittzeitpunkt und -häufigkeit sind.
Gemäht werden Blumenwiesen traditionellerweise von Hand mit der Sense, was allerdings sehr anstrengend ist. Aufgrund der weit auseinander liegenden Schnitttermine sind die Kräuter und Gräser für herkömmliche Spindel- oder Sichelmäher nicht mehr zu bewältigen. Besser geht es mit einem Balkenmäher, der allerdings aufgrund seines Gewichtes nicht eben einfach zu handhaben ist. Freischneider (Motorsense) sind für Senioren nicht empfehlenswert, da der Umgang damit Verletzungsrisiken birgt ist und gelernt sein will. Überlassen Sie diese Arbeit, die nur ein- bis dreimal im Jahr anfällt, lieber einem Fachbetrieb des Garten- und Landschaftsbaues. Wenn

Gemähte Rasenpfade machen auch Blumenwiesen begehbar.

Sie regelmäßig Pfade hinein mähen, können Sie Teilbereiche der Wiese auch dann erschließen, wenn sie zum Betreten zu hoch geworden ist.
Sie können einen artenarmen Rasen aber auch sukzessive zur Blumenwiese umwandeln: Reißen Sie die Grasnarbe auf, magern Sie den Boden mit Sand ab und entfernen Sie an einzelnen Stellen größere Grassoden-Stücke. In diese offenen Stellen arbeiten Sie nun eine dünne Schicht eines mageren Erd-Sand-Gemisches ein und säen eine Blumenwiesen-Saatmischung ein. Mit der Zeit entwickeln sich artenreiche „Wieseninseln“, die Insekten und Kleintieren ideale Nahrungs- und Rückzugsräume bieten. Wollen Sie die gesamte Fläche zur Blumenwiese machen, können Sie schrittweise das Rasenmähen reduzieren sowie das Düngen und Wässern einstellen. Sofern Ihr Boden nicht zu lehmig und verdichtet ist, werden allmählich die Wiesengräser und -blumen in die umgebende Rasenfläche einwandern.
Die richtigen Samenmischungen für Wildblumen und Wildgräser erhalten Sie nur bei Fachbetrieben mit Gütesiegel (Samenproduzenten siehe www.Naturgarten-Verein.de). Preiswerte Samenmischungen aus Baumärkten und Gartencentern enthalten oft standortfremde, ungeeignete Gräser und Blumen. Nach etwa zwei bis drei Jahren hat sich die so genannte „Blumenwiese“ zu einer Ruderalfläche gewandelt, in der konkurrenzstarke Gras- und Kräuterarten das Terrain erobert haben.

→**Duftrasen** gedeihen auf normalem bis magerem Gartenboden in sonniger bis halbschattiger Lage. Die Pflanzendecke ist zwar weniger trittfest, verströmt aber einen betörenden Duft und ist dabei pflegeleicht, also sehr „seniorenfreundlich“. Römische Kamille (*Chamaemelum nobile*), Pracht-Nelke (*Dianthus superbus*), Polei-Minze (*Mentha pulegium*), Steinquendel (*Calamintha nepeta*), Zwerg-Majoran (*Origanum vulgare* ‚Compactum‘) sind geeignete Duftrasenpflanzen. Dazwischen sät man den Sand-Thymian (*Thymus serpyllum*), der sich als robustere Pflanze in den häufiger begangenen Bereichen durchsetzt.

→**Trittvegetationen** wie etwa Schotterrasen sind begeh- und befahrbare Pflanzengesellschaften, die beispielsweise auf den durchlässigen Böden wassergebundener Plätzen oder Wegen gedeihen. Es gibt spezielle Samenmischungen mit trittverträglichen Pflanzen, deren Artenspektrum sich je nach Belastung ändert. Die Pflege beschränkt sich auf gelegentliches Abschneiden oder Mähen zu hoch gewordener Gräser an weniger begangenen Bereichen – bestens geeignet für den pflegeleichten Garten. Trittvegetationen aus Sand-Thymian duften bei jedem Schritt und vertragen im Sommer Trockenheit. Hier gedeihen die Pflanzen, die Sie auch in Pflasterfugen, an Treppenwangen oder in Ritzen wenig begangener Bereiche pflanzen können, zum Beispiel Blaugrünes Schillergras (*Koeleria glauca*), Steinbrech-Felsennelke (*Petrorhagia saxifraga*), Spanische Fetthenne (*Sedum hispanicum*) und Edel-Gamander (*Teucrium chamaedrys*).

→**Bodendeckerflächen** bestehen aus niedrig bleibenden, meist genügsamen Pflanzen, die durch ihre Wuchsform ganze Beete oder Gartenbereiche mit einer geschlossenen Decke überziehen können. Sie sind bis auf robustere Vertreter wie Efeu oder Immergrün aber nicht für eine Trittbelastung geeignet – ihre Stärke liegt im Bewuchs verkahlter, für Rasengräser ungünstiger Flächen, damit sich dort kein Unkraut ansiedeln kann. Als Bodendecker eignen sich alle Stauden, die niedrige Polster bilden und sich über Ausläufer ausbreiten. Achten Sie aber auf den Ausbreitungsdrang einzelner Arten und stimmen Sie die Größe Ihrer Pflanzfläche darauf ab. Besonders schön sehen in Halbschatten oder Schatten Walderdbeeren (*Fragaria vesca*), Pfennigkraut (*Lysimachia nummularia*), verschiedene Sorten des Kriechenden Günsels (*Ajuga reptans*), Wald-Sauerklee (*Oxalis acetosella*) und die Gewöhnliche Haselwurz (*Asarum europaeum*) aus. Aber auch viele Schatten ertragende Gräser bilden niedrige, dichte Polster und müssen nicht gemäht werden, beispielsweise die Vogelfuß-Segge (*Carex ornithopoda*), die Schatten-Segge (*Carex umbrosa*) und der Amethyst-Schwingel (*Festuca amethystina*).

Bodendecker als Rasenersatz an schlecht zu pflegenden, schattigen oder unzugänglichen Stellen.

Den Garten nutzen –

gesund und aktiv

Der Aufenthalt im Garten bietet Ausgleich und Entspannung, Bewegung an frischer Luft und eine Fülle von Eindrücken und Erlebnissen. Hier bestimmt der Lauf der Natur den eigenen Rhythmus. Man lernt sie und sich selbst durch Beobachten und Aktivitäten jeden Tag aufs Neue kennen. Gartenarbeit ist gesund, besonders wenn Sie die zahlreichen arbeitserleichternden und körperschonenden Hilfsmittel bei der Gartenpflege benutzen.

Der selbst gestaltete Garten ist Ausdruck von schöpferischem Tun und Lebensfreude. Ob dies die Anlage des gesamten Gartens oder kleinerer Teilbereiche ist, spielt dabei keine Rolle. Selbst wenn Sie sich um einen fertig gestalteten Garten kümmern, sind Fantasie und Kreativität anstelle von „Musterlösungen" gefragt. Jeder Gärtner muss sich auf seine Beobachtungsgabe verlassen und Experimente wagen. Im Garten hört das Lernen nie auf – je erfahrener man wird, desto deutlicher erkennt man, wie viel die Natur einen noch lehren kann.

Freude am Hobbygärtnern

Im Ruhestand haben viele erstmals oder nach langen Jahren „Abstinenz" wieder die Chance, ein Hobby intensiv zu betreiben. Dafür ist man eigentlich nie zu alt, selbst für Menschen mit körperlichen Handicaps gibt es Möglichkeiten, sich mit Pflanzen und Tieren im Garten zu beschäftigen. Man muss also keinesfalls auf einen Garten verzichten, wenn man körperlich nicht mehr fit ist. Es ist meist nur eine Frage der Technik und Organisation, ob man sein Hobby noch ausüben kann.
Viele Laien, die sich intensiv mit Gartenthemen befassen, sammeln ganz erstaunliche Erfahrungen und Fachkenntnisse und tauschen sich mit anderen Menschen darüber aus. Man lernt über seinen Garten Menschen kennen und hat immer ein individuelles Geschenk parat, sei es ein Blumenstrauß, eine bepflanzte Schale, Früchte, Gemüse, Kräuter oder selbst gemachte Marmelade.
Ein Garten bietet dabei die einmalige Gelegenheit, sich in schöner Umgebung gleichzeitig körperlich und geistig fit zu halten. Dabei werden zum einen körperliche Beweglichkeit, Koordination und Gleichgewichtssinn gefordert, zum anderen ist Fingerfertigkeit gefragt. Die Beweglichkeit wird mit zunehmendem Alter nachlassen – allerdings umso weniger, je mehr Sie sie trainieren. Aber gerade bei Handarbeiten zahlt sich Geschicklichkeit, Geduld und Übung aus; Eigenschaf-

Wasser im Garten belebt und erfrischt.

ten, über die oftmals eher die ältere als die junge Generation verfügt. Handarbeiten stimulieren und trainieren nicht nur die Hände selbst, sondern auch ein Leben lang das Gehirn. Aber auch für das emotionale Gleichgewicht ist die Wahrnehmung natürlicher Elemente sehr wichtig. Die Berührung weicher Blätter, rauer Rinde, kühlen Wassers, warmer Steine und feuchter Erde möchte kein Gartenfreund missen.

Bau eines Tischbeetes für bequemes Gärtnern

Tischbeete bieten hervorragende Möglichkeiten, im Sitzen seinem Hobby nachzugehen. Sie müssen stabil sein und mit einem Bürostuhl beziehungsweise einem Rollstuhl von allen Seiten unterfahrbar sein. Damit man die Mitte mit den Händen erreichen kann, sollten sie 1,20 m Tiefe nicht überschreiten. Sie müssen mit einer Entwässerung und Aufkantung ausgestattet werden, deren Höhe sich nach der Pflanzenwahl und dem Beetaufbau richtet. Stabile Holztische sind hierfür gut geeignet. Besonders komfortabel sind rollbare Verkaufstische, wie sie in Gärtnereien verwendet werden. Sie werden in verschiedenen Maßen aus Aluminium vom Gärtnerei- und Baumschulbedarfshandel angeboten. Die **Unterkonstruktion** eines selbst gebauten Tischbeetes muss das Gewicht des bepflanzten Beetes mit nassem Substrat tragen können und darf die Pflege nicht einschränken.

Die **Begrünungstechnik** eines Tischbeetes ähnelt einer Dachbegrünung für Flachdächer in einschichtiger Bauweise. Hier wird erst ein Dränagevlies, dann eine dünne Schicht Spezialsubstrat aufgebracht, in das dann gepflanzt wird. Das Vlies übernimmt sowohl Entwässerungs- als auch Filter-, Wasserspeicher- und Bewurzelungsfunktion.
Zuerst muss der Standort feststehen, aus dem sich sowohl die passende Bepflanzung als auch Substratzusammensetzung und -höhe ergeben. Dann konstruiert man die passende Aufkantung zusammen mit der Entwässerung. Dies können stabile Kanthölzer sein, die an einer Ecke des Tisches Aussparungen für den Wasserabfluss haben. Nachdem nun die Höhe der Aufkantung bekannt ist, können Sie die Gesamthöhe des Tisches ermitteln. Sie sollten sie so berechnen, dass auch die in Beetmitte stehenden Pflanzen erreichbar sind. Eine Neigung von 2 bis 3 % in Richtung der **Entwässerungsaussparungen** sorgt für den Abfluss überflüssigen Wassers. Mittels eines Rohrstückes kann man das Wasser auch zu einem Gefäß oder in ein Beet leiten.
Nun wird ein passendes Stück Teichfolie in die Tischwanne gelegt und an den Kanten hochgeschlagen. Die Aussparung der Entwässerungsecke umkleiden Sie so weit mit Folie, dass kein Wasser in das Holz eindringen kann. Folie an den Ecken sollten Sie so gut wie möglich glätten oder sauber falten.

Ein japanischer „Bonsai-Garten" kann als Tischbeet im Sitzen gestaltet und gepflegt werden.

Über die Folie kann man noch ein passendes Stück **Dränagevlies** legen. Bei Dachbegrünungen dient es dem Schutz der Folie, was bei Tischbeeten nicht unbedingt nötig ist. Wer allerdings Bepflanzung und Substrat ab und zu auszutauschen möchte, verhindert mit einem Vlies die Beschädigung der Folie. Weitere Vorteile: Es speichert geringe Wassermengen und verhindert, dass Substratbestandteile die Abflussöffnung verstopfen. Anschließend wird das **Substrat** eingefüllt, zum Beispiel Lavabims oder Porotonkügelchen, vermischt mit einem Anteil sterilen Kompostes je nach Pflanzung. Erst dann werden überstehende Folie und Vlies mit einem Teppichmesser abgeschnitten. Die Dekoration und **Bepflanzung** können Sie nun ganz nach Ihren eigenen Vorstellungen vornehmen. Es eignen sich alle Pflanzen, die auch für Dachbegrünungen verwendet werden, aber auch viele genügsame Steingartenpflanzen und Küchenkräuter lassen sich auf Tischbeeten kultivieren. Am Rand des Tischbeets kann man Aufhängemöglichkeiten für Geräte anbringen, so dass man immer alles zur Hand hat, was man zum Gestalten, Pflanzen und Pflegen benötigt.

Bepflanzung eines Tischbeetes in der Sonne oder im Halbschatten

Material:
Tischgröße: 1 m tief × 2 m lang; durch Modellierung etwa 2,50 m² Pflanzfläche
Dränagevlies: 1,5 × 2,5 m
Teichfolie: 0,8 mm Dicke, 1,5 × 2,5 m
Aufkantung: Ziegelsteine, Klinker oder Kanthölzer
Substrat: neutrale bis leicht alkalische mineralische Böden mit 20 bis 30 % Kompostanteil, Höhe 15 bis 25 cm; Substratbedarf pro m²: 300 bis 400 l Lavabims oder anderes mineralisches Dachbegrünungssubstrat sowie 80 bis 160 l steriler Kompost.
Mulch- und Dekorationsmaterial: Kalksteine in verschiedenen Größen, etwa sechs Eimer Kalksplitt (Körnung: 0 bis 32 mm)

Steingartenpflanzen für das Tischbeet:

1. 3 x Frauenmantel (Alchemilla hoppeana)
2. 6 x Gewöhnliche Grasnelke (*Armeria maritima*)
3. 3 x Alpen-Aster (*Aster alpinus*)
4. 3 x Küchenschelle (*Pulsatilla vulgaris*)
5. 5 x Schwertblättriger Alant (*Inula ensifolia* 'Compactum')
6. 3 x Gold-Fingerkraut (*Potentilla fruticosa* 'Goldkissen')
7. 3 x Alpen-Aurikel (*Primula auricula*)
8. 3 x Rundblättrige Fetthenne (*Sedum anacampseros*)
9. 5 x Berg-Hauswurz (*Sempervivum montanum*)
10. 3 x Sand-Thymian (*Thymus serpyllum* 'Atropurpurea')

Hier werden zum Kräuterpflanzen Holzbretter ausgelegt.

Eine Kräuterecke in Terrassennähe: gut zu beernten, schön anzusehen.

Ein Tischbeet ist je nach Bepflanzung, Substratdicke und Standort mehr oder weniger pflegeintensiv. Im Winter sollten Sie es an einem geschützten Standort aufstellen und mit einem Vlies abdecken, falls keine Schneedecke Temperaturschwankungen abpuffern kann. Da die Pflanzen nun exponierter als ausgepflanzt im Beet stehen, sind sie anfälliger gegenüber Minustemperaturen, Frost und kaltem Wind. Wählen Sie den Standort so aus, indem Sie das gesamte Gartenjahr und den Pflegeaufwand berücksichtigen – ein großes Tischbeet lässt sich nur auf Rollen und mit Kraftaufwand bewegen!
Sorgfältig ausgewählte Materialien und ein zu Haus und Garten passendes Design können solch ein Beet zum Schmuckstück Ihrer Terrasse machen.

Genuss auf kleinem Raum

Die Globalisierung der Märkte sowie moderne Produktions- und Vermarktungsstrategien gaukeln uns vor, dass wir zu jeder Jahreszeit alles Genießbare kaufen könnten. Der Preis dafür ist aber die Vereinheitlichung von Arten und Sorten, Größen, Farben und Geschmacksrichtungen bei Obst und Gemüse zulasten der Vielfalt. Wer die Abwechslung liebt, in der Küche kreativ ist und sich und seine Gäste gerne mit etwas Besonderem verwöhnt, sollte einen überschaubaren Teil des Gartens für Nutzpflanzen reservieren. Dies muss keinesfalls eine arbeitsintensive Fläche mit Gemüse „in Reinkultur“ sein – gerade in Kombination mit Zierpflanzen lassen sich viele Nutzpflanzen ertragssteigernd und gesundheitsfördernd kultivieren und schmücken dabei sogar noch den Garten. Bedenken Sie vor dem Anbau von Nutzpflanzen in Ihrem Garten genau, wie viel Zeit Sie investieren möchten, wann Sie gerne in Urlaub fahren und welchen Bedarf an Obst, Gemüse, Salaten und Kräutern Sie haben. Zum Ausprobieren können Sie mit einigen Nutzpflanzen in Kübeln beginnen, ein Hochbeet bepflanzen oder ein kleines Garteneckchen reservieren.

Kulinarisches aus Kübeln und Töpfen

Wem ein Gemüsegarten zu viel Arbeit bedeutet, braucht deshalb in der Küche nicht auf Selbstgezogenes zu verzichten. Fast alle Kräuter, aber auch viele Salate, Blatt- und Wurzelgemüse, Beerensträucher und auf schwachwüchsigen Unterlagen veredelte Obstbäume lassen sich in Kübeln kultivieren. Hier können Sie für jede Pflanze den für sie geeigneten Standort, das passende Substrat und die Pflege individuell ausrichten. Während für die meisten Sonne und Trockenheit bevorzugenden Kräuter die Bedingungen ideal sind, muss man vielen Gemüsen oder Gehölzen aufmerksame Pflege angedeihen lassen, da die Nährstoff- und Wasserversorgung schnell unter das Optimum fällt.

Für Kübelkulturen braucht man nicht viel Platz im Garten, auf Balkon oder Terrasse. Sie beleben das Gartenbild und die überschaubaren Erntemengen sind für Ein- beziehungsweise Zwei-

Pro & Contra: Der Kübelpflanzengarten

- → Denken Sie an wirksamen Winterschutz und frostfeste Gefäße, da selbst winterharte Gewächse im Kübel dem Frost stärker ausgesetzt sind.
- → Der Weg zum Überwinterungsplatz sollte mit den Kübeln auf Rolluntersetzern oder der Sackkarre gut zu befahren sein. Kleinere bepflanzte Gefäße können Sie auch in ein Beet eingraben und so überwintern.
- → Je größer ein Kübel ist, umso natürlicher sind die Wachstumsbedingungen und desto weniger Bewässerungsaufwand haben Sie, aber sein Gewicht nimmt mit der Größe enorm zu.
- → Je kleiner ein Kübel beziehungsweise Topf ist, desto mehr müssen Sie düngen und wässern. Er kann bei Wind leichter umfallen, ist frostempfindlicher, aber besser zu transportieren.
- → Pflanzen in großen Kübeln können im Sitzen gepflegt werden, kleine können dazu auf Mauern, Treppenstufen, Holzstubben oder passende Regale gestellt werden.
- → Bei Kübelpflanzen mit sonnigen Standortansprüchen ist Morgensonne günstiger als Abendsonne. Geschützte Höfe und Wärme speichernde Mauern und Hauswände beschleunigen die Reife von Früchten.

Raritäten als Vitaminspender

Deutscher Name	Botanischer Name	Ernte-monate	Verwendung
Artischocke	*Cynara-Scolymus-*Grp. 'Green Globe'	VIII-X	ungeöffnete Blütenstände als Gemüse, bittere Blätter als gallenstärkender Tee
Bärlauch	*Allium ursinum*	III bis V	Junge Blätter vor der Blüte als Gewürz, als Suppe oder in Salaten
Echte Engelwurz	*Angelica archangelica*	III-VII	junge gehackte Blätter für Fisch und Obstdesserts
Erdkastanie, Knollenkümmel	*Conopodium majus*	XI bis III	Knollen gekocht oder geröstet verwendbar
Frühlings-Scharbockskraut	*Ranunculus ficaria*	II bis IV	junge Blättchen vor der Blüte als Salat
Gewöhnliches Barbarakraut	*Barbarea vulgaris*	X bis V	Salat im Frühjahr, Gemüse im Winter
Guter Heinrich	*Chenopodium bonus-henricus*	IV bis VI	als Salat, Gemüse oder für Suppen
Küsten-Meerkohl	*Crambe maritima*	IV-IX	Sprosse und Blätter als vitaminreiches Gemüse
Löffelkraut	*Cochlearia officinalis*	III bis V	Pflanze ganzjährig grün, frische Blätter mit Rettichgeschmack für Salate oder Suppen
Queensland-Kängurubeere	*Solanum aviculare*	IX-XI	für Mixed-Pickles, für Kompott oder Marmelade
Rotlaubiger Fenchel	*Foeniculum vulgare* 'Rubrum'	IV bis XI	als Gewürz für Salate, Suppen, Soßen, Fisch
Schnitt-Sellerie	*Apium graveolens* var. *secalinum*	IV bis X	Würzmittel für Salate, Suppen, Soßen, Eintöpfe
Sibir. Tellerkraut	*Montia sibirica*	X-VI	wintergrüne Blätter als Salatergänzung
Süßdolde	*Myrrhis odorata*	IV bis XI	gehackt als Gewürz für Salate oder gekocht als Gemüse
Winterheckzwiebel	*Allium fistulosum*	III bis XI	wie Schnittlauch

personenhaushalte meist völlig ausreichend.
Neben den relativ schweren Töpfen und Kübeln aus Ton oder Keramik eignen sich unter anderem auch Kunststofftöpfe im „Terrakottalook", mit Folie ausgeschlagene Körbe, Kunststoffeimer, Zinkeimer oder -wannen, Holzgefäße, Dosen und Edelstahlkochtöpfe für die Bepflanzung. Am praktischsten ist es, die Pflanzen in gelochte Kunststoffeimer

Mehrjähriges Gemüse: „Schmackhaftes für Diabetiker

Deutscher Name	Botanischer Name	Erntemonate	Bemerkung
Japanischer Knollenziest	*Stachys affinis*	XII-III	gebraten oder wie Spargel gekocht
Löwenzahn	*Taraxacum Sect. Ruderale*	II-IV	als Salat mit jungen Blüten
Meer-Fenchel	*Crithmum maritimum*	V-XI	als Salat oder Gemüse
Pastinake	*Pastinaca sativa*	Blätter und Sprosse V bis VI, Wurzel IX bis XII	Wurzel ist nur im ersten Standjahr genießbar
Römischer Ampfer	*Rumex scutatus*	V-IX	roh zu Salaten, gekocht wie Spinat
Topinambur, Erdbirne	*Helianthus tuberosus* 'Blaue Französische'	XII-III	anstelle von Kartoffeln, mit Schale gekocht oder gebacken

oder -töpfe zu setzen und diese in passende dekorative Töpfe mit Abflussloch zu stellen. So macht der leichte Innentopf etwas vom Gewicht der Erde und des Übertopfes wieder wett. Der Plastiktopf kann leichter transportiert beziehungsweise im Winter einfacher eingegraben werden. Greifen Sie bei großen schweren Pflanzen und Kübeln auf Plastikkübel mit Griffen oder auf Transportschlaufen aus Gewebe oder Kunststoff zurück, so dass zwei Personen den Behälter samt Pflanze einfacher tragen können. Wichtig: Heben Sie einen schweren Kübel immer mit geradem Rücken, angewinkelten Armen und leicht gebeugten Knien hoch! Bewältigen Sie das Gewicht mit den Muskeln der Arme und Beine und nicht mit Hilfe des Lendenwirbelbereiches, da Sie sonst die Bandscheiben strapazieren.

Geeignete Kübelpflanzen sind zum Beispiel alle einjährigen Delikatessen wie Paprika, Auberginen, Tomaten, Kartoffeln, Salate oder Kohlarten. Überlegen Sie, ob Sie im Kübel eher „Allerweltsgemüse“ wie das Sortiment aus dem Supermarkt oder lieber Raritäten wie etwa alte oder regionale Sorten ziehen wollen.

Viele Mehrjährige mit begrenztem Wachstum und mäßigen Ansprüchen lassen sich dauerhaft in Töpfen kultivieren, beispielsweise mediterrane Kräuter. Sie sind um so aromatischer, je nährstoffärmer das Substrat und je sonniger der Standort ist. Achten Sie aber auch hier auf die Frosttoleranz: Viele Kräuter, etwa Majoran, Salbei oder Thymian widerstehen auch aus-

Ideal für Balkon und Terrasse: bepflanzte Töpfe und Kübel (links) und reich fruchtender Ballerina-Apfel (rechts).

gepflanzt länger anhaltenden Minusgraden nicht – im Topf benötigen sie einen geschützten Überwinterungsplatz.

Gartenmärkte halten auch spezielle Kräuter- und Erdbeertöpfe mit taschenförmigen Aussparungen für die einzelnen Pflanzen bereit. Sie sehen dekorativ aus, sind aber nicht einfach zu bestücken und zu wässern. Auch Blumenampeln können Sie mit herabhängenden Leckereien, beispielsweise Hänge-Erdbeeren, bepflanzen und Früchte ernten, solange Sie auf eine gute Wasser- und Nährstoffversorgung achten.

Inzwischen gibt es sogar **Obstbäume** für Kübel, wie die unverzweigten **Säulenformen** verschiedener Apfel-, Birnen-, Kirschen- und Pflaumensorten, so genannte „Ballerinas". Sie müssen allerdings intensiv gepflegt werden, damit an ihnen große schmackhafte Früchte wachsen. Ausgepflanzt können sie bis etwa 3 m hoch werden. Man kann sie aber durch das Kappen ihres einzigen senkrechten Triebes im Frühjahr problemlos auf der gewünschten Höhe halten. Auf sehr schwachwüchsigen Unterlagen veredelte Obst- und Beerensträu-

TIPP

Die Gieß-Idee

Befestigen Sie Ihre Blumenampel mittels Seilzug so, dass Sie sie zum Gießen bequem in Reichweite, anschließend wieder aus Ihrer Kopfhöhe bewegen können. Nun brauchen Sie zum Ernten nicht auf eine Leiter steigen oder Ihren Arm mit Gießkanne unbequem nach oben führen.

cher sind geeignete und dekorative Kübelpflanzen (siehe Tabelle unten). Eine Variante ist die Kultivierung klein bleibender Obstsorten im Kübel, die als U- oder Doppel-U-Stamm an einem Rankgerüst entlang gezogen werden und so immer gut erreichbar bleiben. In großen Kübeln sind sogar „Mischkulturen" möglich, wie zum Beispiel Erdbeeren unter einem Ballerinabäumchen. Aber Achtung: Alle „Fruchtzwerge" brauchen im Winter einen Frostschutz rund um den Kübel und den Wurzelballen und zusätzliche Wassergaben an frostigen sonnigen Wintertagen.

Pflegeleichtes Obst für Kübel und Garten

Deutscher Name	Sorten	Höhe	Bemerkung
„Ballerina"-Apfel	'Waltz', ,'Polka', 'Bolero', 'Flamenco'	2 bis 6 m	auch für Spaliere oder Hecken
„Ballerina"-Birne	'Saphira', 'Decora'	2 bis 2,5 m	auch für Spaliere oder Hecken
„Ballerina"-Kirsche	'Victoria', 'Silvia'	2 bis 5 m	auch für Spaliere oder Hecken
„Ballerina"-Zwetsche	'Imperial'	2 bis 4 m	auch für Spaliere oder Hecken
Apfel (Spalier-U-Form)	'Kanadische Renette', 'Goldparmäne', 'Roter Boskoop'	je nach Spalier und Schnitt	Spalier-Kübelobst, auch mit zwei Sorten an einem Stamm erhältlich, dann selbstfruchtbar
Birne (Spalier-U-Form)	'Gellert's Butterbirne', 'Williams Christ'	Je nach Spalier und Schnitt	Spalier-Kübelobst, auch mit zwei Sorten an einem Stamm erhältlich, dann selbstfruchtbar
Dornenlose Brombeere	'Chester', 'Oregon Thornless','Nessy'	je nach Spalier	resistent gegen Rutenkrankheit, für Höhenlagen
Himbeere	'Autumn Bliss' (rot)/ 'Golden Bliss', 'Fallgold' (gelb)	je nach Spalier	'Autumn Bliss' trägt am einjährigen Holz, gut für Kübel/'Fallgold' zweimal tragend (VII und IX)
Rote Johannisbeere (Fuß-/Hochstämmchen)	'Rolan', 'Rovada', 'Rondom'	1,2 bis 1,8 m	mehltauresistente Sorten, durch verschiedene Sorten auch unterschiedliche Reifezeiten
Schwarze Johannisbeere (Fußstämmchen)	'Titania', 'Ometa'	1,5 bis 1,8 m	robuste, mehltauresistente Sorten
Stachelbeere (Hochstämmchen)	'Dr. Bauer's Rokula' (rot),'Rixantha' (gelb), 'Invicta' (grün)	1,2 bis 1,5 m	robuste, mehltauresistente Sorten, durch verschiedene Sorten auch unterchiedliche Reifezeiten
Hänge-Erdbeere	'Pink Panda'	-	für Hängeampeln bei guter Nährstoff- und Wasserversorgung

Gesundes aus Hochbeeten

Unter Hochbeetkästen versteht man große, unverrückbare Pflanzgefäße aus Holz oder Stein, die in einer ergonomisch günstigen Höhe über dem Boden liegen. Sie können als Abgrenzung einer Terrasse dienen, die Ränder eines vertieft liegenden Platzes („Senkgarten") einfassen, einen Hang terrassieren, an eine Mauer gelehnt sein oder frei im Garten stehen.
Man kann Hochbeetkästen mauern, aus Rundhölzern und Brettern bauen oder fertig kaufen. Mit einer inneren Verkleidung aus Teichfolie erhöht sich die Lebensdauer von Holzkonstruktionen wesentlich. Am Boden hat sich ein Drahtgeflecht gegen Wühlmäuse bewährt.

Hochbeetkästen sind seniorenfreundliche Nutzbeete.

In Hochbeetkästen sind die Bedingungen für die Pflanzen natürlicher als in Kübeln, allerdings ist auch hier der Wasserbedarf höher als in Beeten auf gewachsenem Boden. Hochbeete sind bequemer zu pflegen als ebenerdige Beete. Praktisch sind Höhen zwischen 80 und 100 cm und Breiten von 60 cm für angelehnte beziehungsweise 120 cm für beidseitig erreichbare Beetkästen.
Eine etwa 20 cm starke Dränageschicht aus Schotter oder Kies deckt man am besten mit einem Dränagevlies ab, damit sie nicht verschlämmt. Das Beet kann mit verschiedenen Erdmischungen aufgefüllt werden, wobei die obersten 30 cm aus gutem Mutterboden bestehen sollten. Auch Rohboden-Kompostmischungen eignen sich für Hochbeetkulturen, beispielsweise Kürbisse. Sie sollten das Hochbeet aber nicht mit grobem Material befüllen, da es bei der organischen Zersetzung zu schnell zusammensackt. Da sich die Erde in den Hochbeeten in den ersten beiden Jahren immer noch etwas setzt, bieten sich Konstruktionen an, bei denen man die obersten Bretter abnehmen kann. Rund um das Hochbeet legt man am besten einen mindestens 80 cm breiten Weg aus Platten, offenporigem Belag oder Rindenmulch an.
In Hochbeeten lassen sich Pflanzen gut in **Mischkultur** anbauen, wo sich die Nachbarn spezieller Pflanzenkom-

Einjähriges Gemüse aus dem Hochbeet

Deutscher Name	Botanischer Name	Anzuchtart/ -zeitpunkt	Erntemonate	Verwendung
Echte Pastinake	*Pastinaca sativa* 'Halblange Weiße'	Direktaussaat/ III-IV	IX-XI	roh oder gedünstet
Etagenzwiebel, Luftzwiebel	*Allium cepa* var. *proliferum*	Brutzwiebeln von III-V in den Boden stecken	VIII	roh als Cocktailzwiebeln oder gedünstet; am langen Schaft entwickeln sich leicht zu erntende Brutzwiebeln
Möhre	*Daucus carota* 'Nantaise' (für schwere Böden), 'Rothild' (z. Lagern)	Direktaussaat/ III-IV	VI-X	roh oder gedünstet
Paprika	*Capsicum anuum* 'California Wonder', 'Canape'	Voranzucht III bis IV, ab Mitte V auspflanzen	VII bis VIII	Rohkost, Eintöpfe, Gemüse
Pflück-Salat	*Lactuca sativa* var. *crispa* 'Ochsenzunge'	Direktaussaat/ III-IV	V bis VIII	Salat, Dekoration
Puff-Bohne	*Vicia faba* var. *faba* 'Hangdown'	Direktaussaat/ III-IV	V bis VII	Gemüse
Radieschen	*Raphanus sativus* 'Cheny Belle'	Direktaussaat/ III-IV	III-VII	Rohkost, Salate
Rote Bete	*Beta vulgaris* var. *vulgaris* 'Loma'	Direktaussaat/ IV-VI	VIII-X	gekocht und eingelegt
Spargelerbse	*Teragonolobus purpureus*	Voranzucht/ III-IV	V bis VI	Schoten bei einer Größe von 2 bis 4 cm Länge ernten und dünsten
Spargel-Salat	*Lactuca sativa* var. *angustana* 'Chinesische Keule'	Direktaussaat/ III-IV	V Blätter-, VIII Stängelernte	Salat oder Gemüse
Stiel-Mangold	*Beta vulgaris* var. *flavescens*	Voranzucht oder Jungpflanzen kaufen	VI bis XI (III-V im Folgejahr)	Stiel und Blätter als Gemüse
Tomaten (Cocktail-, Rispen- oder Buschtomaten)	*Lycopersicon esculentum,* z.B. 'Balkonzauber', 'Roma'	Voranzucht III, ab Mitte V auspflanzen oder Jungpflanzen kaufen	VII bis IX	Salate, Suppen, Aufläufe; grüne Früchte einlegen
Zucchini	*Cucurbita pepo* var. *giromontiina* 'Diamant'	Voranzucht IV, Direktaussaat ab V	VII bis IX	Ernte der jungen, 10 bis 20 cm großen Früchte, roh, gedünstet oder gekocht

binationen gegenseitig im Wachstum und in der Pflanzengesundheit fördern. Man kann aber auch eine aufeinander abgestimmte **Fruchtfolge** ausprobieren, wobei die Starkzehrer im ersten Jahr und die Mittelzehrer im zweiten Jahr gepflanzt werden. Im dritten Jahr wird das Beet als Frühbeet mit einer Abdeckung aus Glas- oder Kunststoffscheiben genutzt. Danach füllt man das Beet mit reifem Kompost wieder auf und beginnt den Zyklus von vorne. Bei dieser Kulturform bieten sich mehrere Hochbeete an, damit man in einem Jahr sowohl Stark- als auch Mittelzehrer anbauen und die herangezogenen Jungpflanzen des Anzucht-Hochbeetes verpflanzen kann.

Angelehnte Hochbeete kann man an eine sonnenexponierte Haus- oder Garagenwand bauen. Dazu stellt man zum Schutz der Fassade eine undurchlässige Polystyrolplatte zwischen Hauswand und Beetkasten. Das Sickerwasser kann mittels eines Dränagerohrs am Boden vom Haus weggeleitet werden.
Wer ein Grundstück in Hanglage hat, kann Hochbeete auch in Form von **Treppenbeeten** vorsehen. Dies sind stufenförmig angeordnete Hochbeete von 60 cm Arbeitstiefe mit einem mindestens 30 cm breiten Weg vor der nächsthöheren Beetstufe (siehe auch Schnitt Seite 89). Bei größeren Treppenbeeten mit seitlich daran entlang laufenden Treppenstufen sollten Sie auch einen Weg für die Schubkarre einplanen. Man kann Treppenbeete mit Ziegel- oder Werksteinen aufmauern, Trockenmauern aufschichten oder Palisaden aus Holz oder Stein nebeneinander setzen. Für Holzkonstruktionen sollten nur dauerhafte Holzarten wie Eiche, Robinie oder Lärche verwendet werden. Alle senkrechten, einen Hang abfangenden Bauwerke müssen mindestens auf eine dränierende Schicht aus grobem Schotter oder Kies gestellt werden; bei entsprechender Hanglage und auftretenden Schubkräften muss die

Gut für (mediterrane) Kräuter: Treppenbeete in sonniger Hanglage.

Mauer auf einem frostfrei gegründeten Betonfundament ruhen. Eine Kiespackung auf der Mauerrückseite und ein Abflussrohr leiten das Wasser ab.

Vitamine aus dem Nutzgärtchen

Wer weder Kübel pflegen noch Hochbeete bauen mag, muss auf bequemes Gärtnern nicht verzichten. Zumindest Beerensträucher und Obstbäume kann man in verschiedenen, schwach wüchsigen und damit gut erreichbaren Erziehungsformen bekommen, die sich in bequemer Höhe schneiden und beernten lassen.

So gibt es beispielsweise viele Beerenarten und -sorten außer als Strauch auch als **Fuß- oder Hochstämmchen** zu kaufen, die sich leicht im Sitzen oder Stehen beernten lassen und auch das Freihalten der Baumscheibe erleichtern (siehe auch Tabelle Seite 75). Wählen Sie den Pflanzabstand nicht zu gering, damit Sie bequem jeden Baum erreichen können und damit die Früchte zur Reife genügend Luft und Licht haben. Die fruchttragenden Jungtriebe der Himbeeren und Brombeeren sind, an drei bis fünf waagerechten Drähten, an Latten oder einem Zaun befestigt, einfach zu beernten – besonders die dornenlosen Sorten! Fragen Sie sowohl bei Bäumen als auch bei Sträuchern im Fachhandel nach Veredelungen auf schwachwüchsigen Unterlagen: Sie bleiben deutlich kleiner als die auf einer mittel- bis hochwüchsigen Unterlage veredelten Obstsorten.

Am Boden des Obstgartens bietet sich eine dicke begehbare Mulchschicht aus Holzhäcksel oder Rindenmulch an, die Wurzel-Unkräuter unterdrückt und Samen-Unkräuter leicht entfernbar macht, den Boden feucht hält und die empfindlichen oberflächennahen Wurzeln schützt. Allerdings ist dieses Material stark Stickstoff zehrend, so dass man vor dem Ausbringen eine Schicht kompostierten Mist oder Hornspäne in die Erde einarbeiten sollte.

Wer es ganz ordentlich liebt, kann auch einen Obstgarten als Schachbrettgarten anlegen (siehe Seite 56ff) und unter den Bäumchen beispielsweise Erdbeeren als Bodendecker pflanzen. Die Sorte 'Florica', eine Kreuzung aus heimischer Walderdbeere und der südamerikanischen Kulturerdbeere, hat sich dafür besonders bewährt. Will man das Schöne mit dem Schmackhaften und Nützlichen verbinden, pflanzt man

Empfehlenswerte Größen bei Obstbäumen und -sträuchern

Erziehungsform	Stammhöhe in m (plus Kronenaufbau)
Baumobst	
Büsche	0,4 bis 0,6
Niederstämme	0,8 bis 1,0
Halbstämme	1,0 bis 1,2
Schlanke Spindeln	0,5 bis 0,7
Beerenobst	
Fußstämmchen	0,4 bis 0,5
Hochstämmchen	0,8 bis 0,9

einfach Kapuzinerkresse auf die Baumscheiben der Obstbäumchen: Sie zieren mit ihren freundlichen Blütenfarben in Gelb, Orange und Rot den Garten, Blätter und Blüten geben Salaten und Gerichten eine interessante, mild-scharfe Note und das Beste: ihre Inhaltsstoffe halten auch Läuse von einer „Belagerung" der Obstbaumblätter ab.

Niedrige Stämmchen von Kern- und Beerenobst lassen sich bequem pflegen und beernten.

Agil durch Sport und Spiel

Spiele bereiten Freude, fordern Körper und Geist und sind zugleich entspannend. Spiel und Sport ermöglichen Kontakte zu anderen Menschen und bieten Anlässe zum miteinander Reden und Lachen. Es gibt Spiele, die man allein, zu zweit oder als Gruppe spielt, mit Gleichaltrigen oder mit den Enkelkindern.
„Wer rastet, der rostet", lautet eine alte Volksweisheit, die immer noch Gültigkeit hat. Alle Organe und Gelenke Ihres Körpers benötigen eine gewisse Belastung, um gesund zu bleiben. Allerdings sollten lebenslange „Sport- und Bewegungsmuffel" im Ruhestand nicht plötzlich mit intensiver körperlicher Belastung beginnen. Etwas Ausdauertraining wie Wandern, Schwimmen oder Rad fahren, aber auch leichte Gartenarbeit sind für den Anfang genau das Richtige. Hier zeigen wir Ihnen einige Möglichkeiten, wie Sie auch den Garten für aktive Entspannung durch Spiel und Sport nutzen können.

Spielideen

→Gartenschach
Dieses Spiel trainiert mehr den Geist als den Körper und ist ideal, um es draußen im Sitzen zu spielen. Eine Terrassengestaltung im Schachbrettmuster macht auch richtiges Gartenschach mit großen Figuren möglich. Man muss dazu keine schwarzen und weißen Platten verwenden, zwei unterschiedliche Naturtöne fügen sich meist besser in den Garten ein.
Bei Verwendung von 64 Terrassenplatten im Format 40 × 40 cm benötigen Sie eine Fläche von 3,2 m × 3,2 m, was 10,24 m² entspricht. Allerdings müssen Sie noch weitere 1,50 m

Randbereich zum Sitzen und Gehen einkalkulieren, so dass sich ein Platzbedarf von etwa 22 m^2 ergibt.
Wenn Sie sitzend spielen, sollten die Spielfiguren etwa 40 cm hoch sein. Wer lieber stehend spielt und Figuren von 70 bis 80 cm Höhe wählt, braucht sich nicht zu bücken. Handwerklich Begabte können die Spielfiguren aus einem Stück schnitzen oder drechseln oder Silhouetten aussägen. Achten Sie auf wetterfeste Hölzer wie Lärche oder Robinie. Diese überdauern auch problemlos Regenschauer. Wer lieber mit Stein arbeitet, kann sich Schachfiguren aus Gasbeton leicht selbst herstellen. Man braucht dafür nur einen Fuchsschwanz und grobe Metallfeilen. Die leichten, porösen Steine lassen sich einfach bearbeiten. Zum Einfärben der dunklen Figuren kann man Fassadenfarbe verwenden. Gegen das Kreiden beim Anfassen der weißen Figuren helfen zwei Schichten Tiefengrund, die man zum Schluss mit dem Pinsel satt aufträgt. Da Gasbeton sehr leicht ist, sollten die Figuren einen großflächigen Fuß haben und nicht kopflastig sein. Diese Figuren sollte man nach dem Spiel aber immer wieder unterstellen, da sie nicht wind- und witterungsbeständig sind. Es gibt aber auch fertige Spiele für den Garten zu kaufen, die meist aus zusammensteckbaren Kunststoffplatten bestehen. Die Spielfiguren sind mit Sand befüllbar; Gewicht und Standfestigkeit können so an die Verhältnisse angepasst werden.

→ Dame

Wer gerne Dame spielen möchte, benötigt zwölf dunkle und helle Damesteine aus Holz oder Kunststoff. Da man die flachen Scheiben schlecht aufheben kann, kann man sie mit einem leichten hölzernen Schieber verrücken. Sie können aber auch steife lange Drahtschlaufen oder andere langstielige Griffe an die Spielsteine montieren, an denen man sie gut weiterbewegen kann.

→ Gartenkegel

Dies ist eine abgewandelte Form des Kegelns mit einer pendelnden Kugel, die auch im Sitzen gespielt werden kann. Die Kugel wird an einen „Galgen“ etwa 15 cm neben und 10 cm über der Standfläche der Kegel aufgehängt. Die Spielfläche kann eine eben verlegte Betonplatten- oder Klinkerfläche von etwa 70 × 70 cm sein.

Gartenkegel kann man im Sitzen spielen.

Die aufgehängte Kugel wird mit Schwung in eine spiralförmige Bewegungsbahn gebracht. Die neun Kegel können in unterschiedlichen Formationen aufgestellt werden.
Sie können sich das Spiel ganz einfach aus einem fertigen Kegelspiel selbst basteln. Dazu wird einfach eine große Ringöse in die Holzkugel geschraubt. Ein wetterfestes Kunststoffseil wird an einer weiteren Ringöse befestigt und in einer bestimmten Höhe an einem Gegenstand fixiert. Achten Sie aber immer darauf, dass sich keine Fensterscheiben im Schwungbereich der Kugel befinden! Die Auslenkung ist umso größer, je höher die Kugel aufgehängt ist. Wird die Kugel an einem Baum aufgehängt, sollten Sie eine passende Ringmanschette um einen stabilen waagerechten Ast legen. Wenn der Baum noch wächst, müssen Sie die Manschette jedes Jahr an die Astdicke anpassen.

→ Tischtennis

Dieser ideale Gartensport kann zu zweit oder im Doppel, in seiner aktivsten Form auch zu Mehreren als „Rundlauf" gespielt werden. Es fördert die Wahrnehmungs- und Reaktionsfähigkeit und kann auch von Ungeübten leicht erlernt werden. Spielformen und -regeln lassen sich der Fitness und dem Können entsprechend anpassen.
Da die Platten 1,54 × 2,75 m groß sind und genügend Bewegungsraum rund um die Platte vorhanden sein muss, benötigt man eine Fläche von etwa 4,5 × 6 m (rund 30 m^2). Praktisch sind teilbare beziehungsweise zusammenklappbare Platten mit großen Rollen, die so einfacher untergestellt werden können und dann nur etwa 50 cm breit sind. Man kann sie über Spiel- und Sportwarengeschäfte beziehen.

→ Federball und Strandball

Federball lässt sich gut im eigenen Garten spielen und ist für Senioren geeignet. Man kann es auf dem Rasen, der Garagenzufahrt oder einem breiten Weg, mit und ohne Netz sowie zu zweit oder zu viert spielen. Der Untergrund sollte im weiten Umfeld frei von Stolperfallen und rutschfest sein. Da die Federbälle schnell vom Wind abgedriftet werden, ist meist die für den Strand abgewandelte Form mit einem schwereren Softball und Plastikschlägern für den Garten geeigneter. Man bekommt sie in jedem Spielwarenladen.

→ Boccia und Boule (Petanque)

Die Spielfeldgröße und Zahl der Teilnehmer richtet sich bei Boccia oder Boule nach den örtlichen Verhältnissen. Ideal ist ein ebener, offenporiger, feinkörniger Untergrund, zum Beispiel eine Garagenzufahrt mit wassergebundener Decke. Jeder Spieler bekommt drei Kugeln aus Kunststoff, Holz oder Metall in einer Farbe. Es gilt, damit reihum eine kleine Setzkugel zu treffen, die vorher ausgeworfen wurde. Wer am Ende eine seiner Kugeln am weitesten an die Setzkugel

Der ebene Stellplatz eignet sich auch als Sportplatz.

heran gerollt hat, ist der Sieger. Das dem Boule ähnliche französische Petanque wird mit schweren Metallkugeln auf wassergebundenen Plätzen gespielt.
Wichtig bei beiden Spielen ist das richtige Stehen im Ausfallschritt mit angewinkelten Knien und geradem Oberkörper. Dabei stellen Rechtshänder das linke Bein nach vorne, Linkshänder dementsprechend das rechte. Die Kugeln werden wie beim Kegeln gerollt. Man kann aber die Setzkugel auch mit einem gezielten Wurf der eigenen Kugel an eine andere Stelle befördern.
Boccia und Boule sind gesellige Ballspiele, bei denen es weniger auf Kondition, sondern mehr auf gutes Augenmaß und eine ruhige Hand ankommt.

→Krocket
Wer keine geeignete Fläche, aber gepflegten Rasen hat, kann statt Boccia Krocket spielen. Mit langen Schlägern, die Sie gegebenenfalls selbst verlängern können, ist es auch für Menschen mit Knieproblemen geeignet. Wer sich gar nicht bücken kann oder mag, sollte sich einen Greifer mit langem Stiel aus dem Baumarkt besorgen, mit dem man die Holzkugeln problemlos nach jedem Spiel aufsammeln kann.

Gesundheit und Wohlbefinden

→Saunabesuch
Eine regelmäßige Benutzung der Sauna kommt auch für Senioren in Frage. Saunagänge stärken das Immunsystem und damit die Abwehrkraft gegen Krankheiten. Wer etwas Platz im Haus oder Garten hat, kann sich die Anschaffung einer Sauna überlegen. Wer zum Entspannen und Abkühlen nach den Saunagängen den Garten nutzen möchte, sollte rechtzeitig an entsprechenden Sichtschutz durch Hecken oder Stellwände denken. So gehen Sie Konflikten durch neugierige Blicke oder Anstoß nehmende Nachbarn aus dem Weg.
Saunakabinen für den Einbau im Haus gibt es schon relativ preiswert als Holzbausatz inklusive Ofen und Temperatursteuerung. Sie benötigen nur etwa 4 m^2 in einem Badezimmer,

Kellerraum oder am Ende eines Flures. Wichtig ist, dass eine Belüftungsmöglichkeit und ein elektrischer Anschluss mit ausreichender Absicherung vorhanden ist.

Nach jedem Saunagang sollte man sich kurz abduschen und – falls möglich – sich danach in einem kalten Tauchbecken abkühlen. Dies kann beispielsweise ein kleiner Pool oder ein großes Regenfass sein, das für einen leichteren Einstieg teilweise in der Erde versenkt wird. Bevor man hineinsteigt, muss man aber erst Kopf, Nacken, Unterarme und die Herzregion gut abkühlen. Die sich anschließende Ruhephase sollte an frischer Luft im Liegen stattfinden. Dazu können Sie Gartenliegen mit Fußteil und warme Decken auf der Terrasse bereit stellen. Je nach Wohlbefinden kann man diese Abfolge noch zweimal im 20-Minuten-Rhythmus wiederholen.

→ Wasseranwendungen nach Kneipp

Im Sommer können verschiedene Wasseranwendungen im Garten Erleichterung schaffen und den Kreislauf in Schwung halten. Wer keinen Platz für einen Pool hat, muss auf Abkühlung nicht verzichten. Man kann sich hierfür ein knietiefes Wassertretbecken aus Beton bauen. Eine Treppe mit Handlauf an der Seite erleichtert das Ein- und Aussteigen. Eine Haltestange in der Mitte des Beckens bietet zusätzlichen Schutz, falls man doch einmal wegrutschen sollte. Wenn man einige Runden „im Storchengang" im kühlen Nass läuft, fühlt man sich erfrischt und die Beine durchströmt ein wohliges Gefühl. Durch den Wechsel zwischen Luft- und Wassertemperatur werden die Beinvenen trainiert. Lässt man in den Betonboden runde Kieselsteine ein, bekommt man zusätzlich eine Fußsohlenmassage, die sich förderlich auf die Durchblutung der inneren Organe auswirkt. Am besten ist das Tretbecken in einer schattigen Gartenecke aufgehoben, wo sich das Wasser im Sommer nicht so schnell erwärmt. Schmutziges Wasser können Sie mit einer Pumpe herausbefördern und zum Gießen verwenden. Wenn Sie um das Becken herum passende Pflanzen setzen, kann solch eine Anlage etwas kaschiert und damit besser in den Garten eingebunden werden.

Aber auch schon das Abkühlen der Unterarme ist in heißen Sommern sehr angenehm. Ein schmaler Steintrog in Tischhöhe ist dafür völlig ausreichend. Er sollte einen Abfluss haben und mit einem Schlauch in der Nähe leicht zu befüllen sein. Bei Gar-

TIPP

Gesundheits-Check

Viele Wasseranwendungen, wie das Saunieren und das Wassertreten, beeinflussen Atmung, Herzfrequenz und Blutdruck. Deshalb sollten Sie vorher einen Arzt um Rat fragen.

tenfesten kann man darin auch die Getränke kühlen, die Enkelkinder können darin Schiffchen schwimmen lassen und er kann zum Umtopfen im Frühjahr und zum Gemüseputzen im Herbst dienen.

Körperschonende Gartenarbeit

Leichte Gartenarbeit zählt genauso zum gesunden Ausdauertraining wie Wandern oder Radfahren. Damit ihre positive Wirkung nicht nur auf den Garten, sondern auch auf den Menschen ausstrahlt, gehören die richtige innere Einstellung, eine schonende Arbeitshaltung und gute Geräte dazu. Wem welche Arbeit Spaß macht, hängt selten vom Geschlecht oder der körperlichen Verfassung ab. Es ist eher eine Frage des Typs, ob man lieber täglich ein bisschen nach dem Rechten sieht oder ab und zu große „Aufräumaktionen" startet. Letztere wird man sich mit zunehmendem Alter vielleicht besser in mehrere Etappen aufteilen, um sich nicht körperlich zu übernehmen. Eine räumliche Aufteilung der Arbeiten kann auch sinnvoll sein, wenn zum Beispiel bei Paaren jeder für bestimmte Bereiche zuständig ist. Lassen Sie sich aber nicht die Chance zur gemeinsamen Gartenarbeit entgehen, denn es gibt dabei so viel Schönes zu entdecken, dass die geteilte Freude auch hier die doppelte Freude ist.

Arbeits- und Hobbyplätze einrichten

Je bequemer Sie sich Ihren Arbeitsplatz einrichten, desto leichter werden Ihnen notwendige wie geliebte Tätigkeiten fallen.

Praktische Hilfsmittel wie diese Knie- und Sitzhilfen schonen den Körper und erleichtern die Arbeit.

Menschen und Maße im Seniorengarten

Arbeitstisch zum Stehen

Arbeitstisch zum Sitzen

Arbeits- bzw. Pflanztisch für Rollstuhlfahrer

Mäuerchen zum Sitzen

Treppe mit Podest und Handlauf

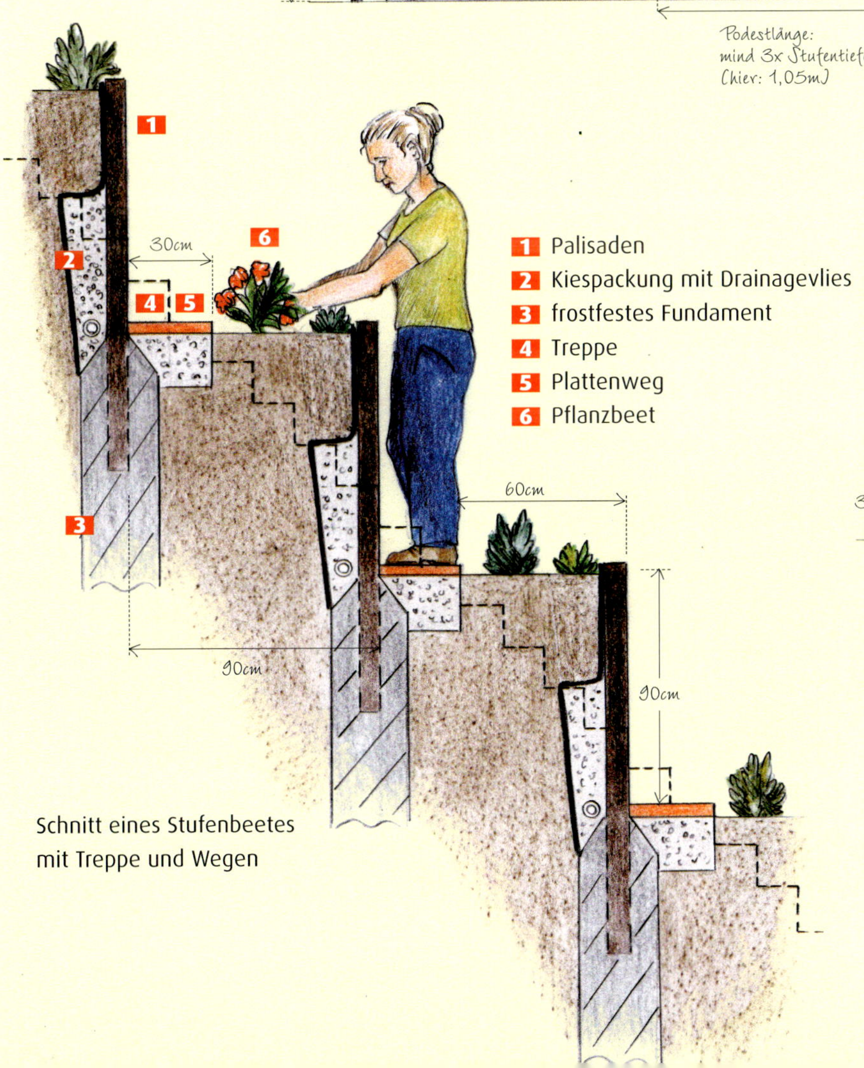

Schnitt eines Stufenbeetes mit Treppe und Wegen

Wasserhahn mit Sockel

Bedenken Sie, dass Sie auch Platz für Gartengeräte, den Kompost, Werkzeuge, Hilfsmittel, Hobbyutensilien und einen Arbeitstisch benötigen. Auch hier müssen Wege, Jahreszeiten und Tagesrhythmus der Menschen bedacht werden, die im Garten arbeiten und ihn nutzen.
So kann man sich zum Beispiel unnötige Wege ersparen, wenn man in der Nähe von Nutzgarten und Kompost die Möglichkeit zum groben Putzen von Gemüse schafft. Die abgeschnittenen Teile wandern nicht erst über den Umweg Küche, sondern direkt auf den Kompost. Hat man am Arbeitsplatz eine Wasserstelle, kann man es sogar vorwaschen.
Achten Sie auf eine **ausreichende Größe** Ihres Arbeits- und Hobbyplatzes, pflegeleichten Untergrund und die ergonomische Ausführung der jeweiligen Arbeiten. In kleinen Gärten wird man immer auch eine Doppelnutzung von Ruhe- und Arbeitsplätzen anstreben, um den begrenzten Raum optimal zu nutzen.
Der Ort, an dem Sie einerseits Pflanzen umtopfen, zu anderer Zeit vielleicht auch Trockensträuße binden, sollte nicht nur praktisch oder gar steril aussehen: Ein rustikaler Arbeitstisch mit Bank inmitten einer schönen Umgebung mit ansprechender Bepflanzung erfreut das Auge. Stimmungsvolle Accessoires, wie originelle Pflanzgefäße, „antikes" Gartenwerkzeug oder eine verbeulte Metallgießkanne, sind hier das „i-Tüpfelchen".

Seniorengerechte Gartengeräte

Für Pflegearbeiten, die Sie selbst ausführen möchten, gibt es speziell auf ältere Menschen zugeschnittene, arbeitserleichternde Geräte und Hilfsmittel. Man erkennt oft erst auf den zweiten Blick oder beim Anfassen den Unterschied: Sie werden aus leichten, dabei aber stabilen und **verschleißfesten Materialien** hergestellt, liegen durch dickere, **ergonomisch geformte Griffe** gut in der Hand und lassen sich leicht bedienen. Die Mechanik ist durch besonders **sorgfältige Verarbeitung** leichtgängig und ermöglicht „reibungslose" Bedienung. Durch Hilfsmittel wie **längenverstellbare Stiele** können sie individuell angepasst werden, damit Sie beim Arbeiten nicht in eine unbequeme und die Rückenmuskulatur strapazierende Haltung verfallen müssen. Meist sind es aber genau diese Details, die einem das Arbeiten entscheidend erleichtern – nicht immer werden Arbeitsmittel durch Motoren oder mehr Technik besser handhabbar! Ein motorbetriebenes Gerät kann summa summarum arbeitsaufwändiger sein als sein mechanisches Gegenstück, das sich einfacher bedienen, pflegen und verstauen lässt. Noch dazu erzeugen mit Benzin- oder Elektromotoren ausgerüstete „Gartenhelfer" einen hohen Geräuschpegel: Anstelle mit einem Laubsauger lärmend Laub vor sich her zu blasen, kann man bei mäßigen Laubmengen das Laub unter die

Hecke rechen, wo es als Humus dem Boden zugeführt wird.
Gehölzschnitt brauchen Sie nicht zu häckseln, sondern Sie können ihn aufgeschichtet Tieren als Unterschlupf- und Nistmöglichkeit anbieten. Mit guten Sägen und Handscheren lassen sich anfallende kleinere Schnittarbeiten an Bäumen mühelos durchführen. Umfangreichere Baumschnittmaßnahmen sollten Sie – schon wegen der Unfallgefahr beim Umgang mit der Leiter und der unhandlichen, schweren Motorsäge – in die Hände einer Fachperson legen.
Lediglich beim Heckenschnitt sind elektrische, leicht bedienbare Heckenscheren die bessere Lösung anstelle schwergängiger Handheckenscheren. Eine praktische Alternative sind Akkugeräte, da man hier nicht versehentlich das Kabel zerschneiden kann. Testen Sie vor dem Kauf das Gewicht über mehrere Minuten und nehmen Sie gleich zwei Akkus, damit immer einer geladen werden kann, während der andere im Gebrauch ist.
Viele Geräte gibt es inzwischen auch für **Linkshänder**, wenn auch längst nicht in der Auswahl, wie sie für Rechtshänder zur Verfügung stehen. Probieren Sie vor dem Kauf immer aus, ob ein Gerät gut in der Hand liegt, vergleichen Sie es mit anderen und simulieren Sie die Arbeitsbewegung eine Zeitlang. Da Menschen individuelle Kraftressourcen und Proportionen haben, passt nicht jedes Gerät zu jedem Nutzer. Neben den passenden Geräten sollten Sie immer auch nach **Hilfsmitteln** Ausschau halten, die in zunehmendem Maße entwickelt werden. Nicht nur die ältere Generation weiß Muskeln und Gelenke schonende Erleichterungen wie den Rollhocker, Sitzkissen, Knieschoner, Sackkarren oder Handscheren mit Rollgriff zu schätzen (Bezugsquellen siehe Seite 95).

Gartenarbeit richtig ausführen

Viele Gartenarbeiten fallen uns im Moment der Ausführung nicht schwer, im Anschluss stellen sich jedoch schmerzhafte Folgen wie Muskelkater, ein schmerzender Nacken, Rückenschmerzen, Kribbeln in Armen oder Beinen und steife Finger ein. Diese unangenehmen Begleiterscheinungen lassen sich aber zum einen durch eine richtige Arbeitshaltung, zum anderen durch regelmäßige Ausgleichsbewegungen vermeiden. So sollte man bewusst in gewissen Abständen die Arbeitshaltung wech-

TIPP

Gartenhelfer gesucht!

Tätigkeiten mit hohem Unfallrisiko, beispielsweise das Schneiden von hohen Bäumen mit Leiter und Motor- oder Elektrosäge, sollten Sie einem Gärtner überlassen. Falscher (Ehr-)Geiz ist dabei völlig fehl am Platz, denn selbst kleine Verletzungen heilen im Alter schlechter als in jungen Jahren. Die reinen Arbeitskosten eines Gärtners können Rentner bis zu einer Höhe von 1200 € beim Finanzamt geltend machen. Behinderte können unter Umständen für barrierefreie Umbauten im Garten Zuschüsse erhalten.

Arbeitshelfer im Gartenalltag

Astschere mit Teleskopstange ersetzt die Leiter.

Hier sind alle Handwerkzeuge beisammen, der Laubsack besitzt eine praktische Aufhängung.

Kehrblech am Stiel („Kehrboy") vermeidet das Bücken.

Dieser Laubaufnehmer erleichtert das herbstliche Laubkehren.

Der langstielige Unkrautjäter schont den Rücken, verschont aber kein Unkraut.

Knie-Sitz-Hocker und längenverstellbare Hacke.

Auch wer noch fit ist, sollte auf Schub- und Stapelkarre als rückenschonende Hilfsmittel nicht verzichten.

Bewährte Hilfsmittel für die Gartenarbeit

- Pumpen und Schläuche, Schlauchwagen: erleichtern die Bewässerung, schonen den Rücken
- Eimer, Körbe und Handwagen: Transport von Werkzeugen, ersparen Wege
- Ergonomisch geformte Gerätegriffe: gute Handhabung, entlasten Gelenke; Stecksystem mit Geräteaufsätzen erhältlich
- Rutschfeste Übergriffe für Werkzeugstiele: sorgen für sicheren Halt und bequeme Handhabung
- Längenverstellbare, gebogene Gerätestiele/Teleskopstiele: schonen den Rücken
- Leichtholz- oder Aluminiumstiele: schonen Arme und Gelenke
- Flaschenzug für Blumenampeln: erleichtert Pflege, mindert Unfallgefahr
- Flügel- und Langstieljäter/Jäter mit Fugenmesser: schonen Arme und Rücken, vereinfachen das Unkrautjäten an schwer zugänglichen Stellen
- Gartenkarre/Schubkarre: erleichtern den Transport von losem Material
- Sack-/Stapelkarre: erleichtert den Transport schwerer Gegenstände
- Greifer, Kehrboy: schont den Rücken, da man sich weniger bücken muss
- Knieunterlage/-schoner: schützen die Knie
- Mulchmaterialien/Mulchfolien und -vliese: reduzieren Unkrautaufkommen, Samenunkräuter können leichter entfernt werden
- Rollhocker/Knie-Sitz-Hocker: schonen Rücken und Knie durch das Arbeiten im Sitzen
- Rolluntersetzer für Kübel: erleichtern den Transport unhandlicher oder schwerer Gegenstände
- Scheren mit Rollgriffen/aus Aluminium: schonen die Muskeln, Sehnen und Gelenke der Hände und Arme
- Tisch-/Hoch-/Bankbeete: schonen den Rücken durch Pflege im Stehen oder Sitzen
- Tragschlaufen für Kübel: erleichtern das Tragen
- Werkzeugaufhängungen: vermindern die Unfallgefahr durch umfallende Werkzeuge
- Werkzeuggürtel/-schürzen: ersparen Suchen und Bükken nach Werkzeugen

seln und regelmäßige Pausen einplanen – und das bereits vor den ersten Beschwerden. Ein Hauptaugenmerk sollten Sie dabei auf Ihren Oberkörper legen, da ein gebeugter Rücken beim Arbeiten sehr schnell Schmerzen verursacht und den Nacken verspannen lässt.

Neben der richtigen Haltung, der ergonomisch korrekten Ausführung und guten Werkzeugen sollten Sie auch Ihre **Arbeitskleidung** nicht vergessen, da sie maßgeblich zum bequemen Arbeiten und damit zu Ihrem Wohlbefinden beiträgt und gleichzeitig die Arbeitssicherheit erhöht (siehe Kasten unten).

Lassen Sie sich auf keinen Fall direkt nach der Gartenarbeit in einen Sessel fallen. Planen Sie lieber vorher einen zehnminütigen Rundgang mit Lockerungsübungen ein. Wohltuend nach schwerer Gartenarbeit ist auch ein warmes Bad mit muskelentspannenden Badezusätzen oder ein Duschbad mit Massage-Duschkopf und revitalisierendem Luffa-Schwamm.

Unverzichtbare Gartenarbeiten

- Kontrolle und Instandhalten der Beleuchtung, der Treppen und Wege
- Schneeräumen im Winter
- Aufkehren von nassem Laub
- regelmäßiges Entfernen rutschiger Materialien auf Plätzen, Wegen und Treppen sowie abgestorbener großer Äste bei Gehölzen
- Kletterhilfen, Geländer, Gartengeräte und -möbel überprüfen
- regelmäßige Kontrolle und Wartung mechanischer und motorbetriebener Gartengeräte
- regelmäßige Kontrolle und Reinigung von Regenrinnen, Fallrohren und Abflüssen, um Schäden an Haus und Garten zu vermeiden
- Entleeren von Wasserleitungen vor dem Frost
- Wasserbecken mit geringer Tiefe ablassen, ggfs. Tiere und Pflanzen frostfrei überwintern; vorbeugend besser: Teich je nach örtlicher Frosttiefe so großzügig anlegen, dass er nicht zufrieren kann
- Wässern der Pflanzen bei länger anhaltender Trockenheit; vorbeugend als Verdunstungsschutz alle Beet- und Kulturflächen mulchen
- Im Herbst frostempfindliche Pflanzen ins Winterquartier bringen, nicht

Arbeitsschutz durch zweckmäßige Bekleidung

- Leichte, breitkrempige Kopfbedeckung: schützt vor Sonnenbrand und Hitzschlag, schattiert die Augen
- Handschuhe: schützen die Hände
- Locker sitzende, nicht zu weite Kleidung: ermöglicht gute Bewegungsfreiheit, verfängt sich nicht in Maschinen
- Lange Ärmel und Hosenbeine: schützen vor Sonnenbrand und Insekten
- Atmungsaktive, saugfähige Materialien: schützen vor Hitzestau
- Schuhe mit dicken Gummisohlen und guter Polsterung: schützen die Füße, entlasten den Rücken
- Socken: schützen vor Blasen, Hühneraugen und Zecken

Rückenschonendes Arbeiten durch richtige Arbeitshaltung

Ergonomisch richtige Haltung bei der Gartenarbeit: Mit der richtigen Körperhaltung lassen sich viele Beschwerden bei und nach der Gartenarbeit verhindern.

Richtig harken: Die Beine schulterbreit auseinander stellen, dabei die Knie leicht beugen, den Rücken gerade lassen. Alle Bewegungen langsam, aber gleichmäßig ausführen. Wichtig: die richtige, an die individuelle Körpergröße angepasste Stiellänge des Werkzeugs.

Richtig Unkraut jäten: Aufgestelltes Bein mit leicht abgewinkeltem Fuß, eine nach vorne geneigte Haltung mit geradem Rükken und der Hüfte als „Dreh- und Angelpunkt". Ein Polster schont das aufgesetzte Kniegelenk.

Richtig gießen: Die Füße hüftbreit auseinander stellen, locker in den Knien bleiben, den Oberkörper ab der Hüfte neigen, damit der Rücken gerade bleibt. Dabei die Arme leicht abwinkeln und das Gewicht nicht mit den Schulter- und Nackenmuskulatur, sondern mit den Armmuskeln abfangen.

frostfeste Kübel ausleeren und geschützt unterstellen.
Unter den unerlässlichen Arbeiten gibt es auch solche, die weniger Mühe machen, wenn man sie regelmäßig ausführt. Dazu gehören zum Beispiel das Rasenmähen, aber auch der Baum- und Heckenschnitt. Wer regelmäßig seinen Rundgang macht und den Garten gut in Schuss hält, empfindet die notwendigen Arbeiten meist nicht als körperliche Anstrengung.

Überflüssige Gartenarbeiten, sinnvolle Alternativen

→Jährliches herbstliches Umgraben, da es nur bei Beetneuanlagen notwendig ist. Bessere Alternative: Regelmäßiges Mulchen verhindert das Verschlämmen bei Regen, das Austrocknen und reduziert das Unkrautaufkommen.

Holzdecks sollte man jährlich abschrubben, bei Bedarf auch lasieren.

→Ständiges Unkraut jäten, besser: flächendeckende Pflanzungen mit entsprechenden Arten und ausreichend Pflanzen und/oder Mulchen.
→Vollständiges Häckseln des Baum- und Strauchschnittes, besser: in einem versteckten Gartenwinkel einen Reisighaufen als Nistplatz und Unterschlupf für Vögel und Kleinsäuger errichten.
→Rasenkanten schneiden, besser: Beet- und Wegeränder mit der Rasenfläche auf gleicher Höhe abschließen lassen.
→Moos in schattigen Gartenbereichen entfernen, besser: die grüne begehbare, pflegeleichte Moosfläche belassen oder schattenliebende Bodendecker pflanzen.
→Jährlicher Herbstputz wie das Abschneiden vertrockneter Stängel, besser: Erst mit dem Neuaustrieb im Frühjahr abgestorbene Teile entfernen und unter eine Hecke legen, damit darin überwinternde Insekten noch schlüpfen können.
→Kompost umsetzen, besser:
a) Bei Holzkomposten einmal im Jahr die oberste Schicht in einen zweiten Behälter füllen, die mittlere halb verrottete Schicht als Mulchdecke unter Stauden und Gehölzen verwenden und die unterste, gut verrottete Schicht auf Beete aufbringen.
b) Thermokomposter einsetzen
c) Flächenkompostierung, bei der man die organischen Gartenabfälle direkt auf Flächen und Beete ausbringt und dort verrotten lässt, anschließend leicht einarbeitet.

Bezugsquellen

Gartengeräte, ergonomische Werkzeuge, Gartenmöbel

Beckmann KG
Simoniusstr. 10
88239 Wangen/Allgäu
Tel.: 07522/6065
E-mail: info@beckmann-kg.de
Internet: www.beckmann-kg.de

Brill Gartengeräte GmbH
Därmannsbusch 7
58456 Witten
Tel.: 02302/700-0
Fax: 02302/700-66
Internet: www.brill.de

Country Gartengeräte
Waldstraße 23 b
32063 Bad Salzuflen
Tel.: 08222/12297
Fax: 05222/16234
Internet: www.country-garden-tools.de
E-mail: info@country-gardentools.de

Felco Deutschland GmbH
Ludwigsburger Straße 71
71691 Freiberg/Neckar
Tel.: 07174/6857575
Fax: 07174/6857585
Internet: www.felco.de

Fiskars Brands Deutschland GmbH
Oststraße 23
32051 Herford
Tel.: 05221/935299
Internet: www.fiskars.com
E-mail: service@fiskars.de

Gardena
Hans-Lorenser-Straße 40
89079 Ulm
Tel.: 0731/490123
Fax: 0731/490249
Internet: www.gardena.de
E-mail: service@gardena.de

Idealspaten
Goethestraße 27
58313 Herdecke
Tel.: 02330/60101
Fax: 02330/60142
Internet: www.idealspaten.de

HEINZ KETTLER GmbH & Co. KG
Hauptstraße 28
59469 Ense-Parsit
Tel.: 2938/810
Fax: 2938/8191000
Internet: www.kettler.net
E-mail: contact@kettler.net

Richard Ward – Gartenbedarf-Versand
Günztalstraße 22
87733 Markt Rettenbach
Tel.: 08392/1646
Fax: 08392/1205
Internet:
www.gartenbedarf-versand.de
E-Mail: info@gartenbedarf-versand.de

Wolf Garten GmbH & Co. KG
Industriestraße 83-85
57518 Betzdorf/Sieg
Tel.: 02741/281-0
Fax: 02741/278210
Internet: www.wolf-garten.com

Literaturempfehlungen

Bendlage, Rudolf; Nix, Alexander; Schützendorf, Erich; Wölfel, Astrid: Gärten für Menschen mit Demenz. Verlag Eugen Ulmer, Stuttgart, 2009.
Kawollek, Wolfgang: Das Ulmer Gartenbuch, Verlag Eugen Ulmer, Stuttgart, 2009.

Informationsbroschüren für seniorengerechtes Bauen und Gestalten,
herausgegeben vom Bayrischen Staatsministerium des Inneren, Oberste Baubehörde:
- Arbeitsblätter „Barrierefreie Wohnungen“
- Faltblatt „Förderrichtlinie Neues Seniorenwohnen – SeniWoF“
- Broschüre „Barrierefreies und integriertes Wohnen“

Bildquellen

Umschlag:
Titelfoto: mauritius images/ Comstock
Rückseite: Brigitte Kleinod

Innenteil:
Böswirth, Daniel:
Seite 30, 63, 28 oben.
Briemle, Helga:
Seite 81.
Buchter-Weißbrodt, Dr. Helga:
Seite 74 rechts.
Bureau Aangepast Groen, NL:
Seite 32.
Farkaschowsky, Harald: Seite 4/5.
Fischer, Ellen:
Seite 24/25, 74 rechts.
GBA GPL: Seite 64/65.
GBA Strauß: Seite 38.
Himmelhuber, Peter: Seite 62.
Kleinod, Brigitte: Seite 7, 8/9, 15 oben, 15 unten, 16, 17, 23, 27, 33, 37, 39 (2), 56, 57, 66, 68, 70 oben, 76, 78, 80, 83, 85 (2), 91 rechts, 94.
Redeleit, Wolfgang: Seite 50, 60, 90 (5), 91 links.
Reinhard, Hans: Seite 12/13, 18, 42, 44/45, 48, 53, 55, 70 unten.
Strauß, Friedrich: Seite 21, 41.
Thinschmidt, Alice: Seite 31.
Wirth, Peter: Seite 28 unten.

Die Zeichnung auf Seite 20 stammt von Dieter Heidenreich. Alle anderen Zeichnungen fertigte Ulrike Aepfelbach nach Vorlagen der Autorin an.

Register

Impressum

Bibliografische Information der Deutschen Nationalbibliothek
Die Deutsche Nationalbibliothek verzeichnet diese Publikation in der Deutschen Nationalbibliografie; detaillierte bibliografische Daten sind im Internet über http://dnb.d-nb.de abrufbar.

Wollgrasweg 41, 70599 Stuttgart (Hohenheim)
E-Mail: info@ulmer.de
Internet: www.ulmer.de
Lektorat: Karin Wachsmuth, Iris Schneider
Umschlaggestaltung: red.sign, Anette Vogt, Stuttgart
Innenlayout: Atelier Reichert, Stuttgart
Druck und Bindung: Firmengruppe APPL, aprinta-druck, Wemding
Printed in Germany

ISBN 978-3-8001-5967-3